盐城工学院学术专著出版基金资助

长江三角洲集装箱班轮网络演化机理与效应

潘坤友 著

科学出版社

北 京

内 容 简 介

　　班轮网络是指班轮公司通过挂靠港、航线、运力等资源的有效组织形成的航运网络,现已成为国内外港口地理学研究的前沿课题和热点领域。本书在系统总结班轮网络相关研究成果的基础上,归纳了集装箱班轮网络的演化模式,并以长江三角洲地区为例,从班轮网络的演化过程、机理与效应等方面研究集装箱班轮网络的空间组织机理。

　　本书可供人文地理、交通运输地理、港口物流等相关领域的研究学者、规划工作者及相关部门的管理者、高等院校相关专业的师生参考、阅读。

图书在版编目(CIP)数据

长江三角洲集装箱班轮网络演化机理与效应/潘坤友著. —北京:科学出版社,2017.12

　ISBN 978-7-03-055306-5

　Ⅰ.①长… Ⅱ.①潘… Ⅲ.①长江三角洲–航海航线–研究 Ⅳ.①U697.33

中国版本图书馆 CIP 数据核字(2017)第 278382 号

责任编辑:周　丹　夏　磊　李亚佩/责任校对:贾伟娟
责任印制:张　伟/封面设计:许　瑞

科 学 出 版 社 出版
北京东黄城根北街 16 号
邮政编码:100717
http://www.sciencep.com

北京厚诚则铭印刷科技有限公司 印刷
科学出版社发行　各地新华书店经销

*

2017 年 12 月第　一　版　开本:720×1000　1/16
2017 年 12 月第一次印刷　印张:10 3/4
字数:217 000

定价:79.00 元
(如有印装质量问题,我社负责调换)

作 者 简 介

　　潘坤友，男，1979 年 3 月出生，安徽六安人，副教授、硕士生导师、中国科学院南京地理与湖泊研究所博士，2007 年至今在盐城工学院管理学院任职。长期从事经济地理学与区域发展方面的研究工作，主要研究领域为交通运输地理学，尤其对港口物流与航运网络方面有着浓厚的研究兴趣。曾主持和参与国家自然科学基金委员会，国家统计局，江苏省教育厅，江苏、安徽、江西等省及其市、县发展和改革委员会资助的多项项目，在 *GeoJournal* 和《地理科学》《经济地理》《人文地理》《地理科学进展》等期刊发表学术论文近 20 篇。

前　言

作为一个较新的科学概念，班轮网络是指班轮公司通过对挂靠港、航线、运力等资源的有效组织形成的航运网络，如挂港选择、港序安排、航线结构、运力组织等。本书首先对港口体系发展与演化影响的因素、班轮网络挂靠港的选择、班轮网络对港口竞争的影响、班轮网络设计与优化等集装箱班轮网络的相关研究脉络及进展进行了梳理简评，通过分析港口、货主、班轮公司、政府等要素在集装箱班轮网络演化中的内在作用机理，归纳演绎散货（班轮）航线形成、集装箱班轮航线发育、集装箱班轮网络形成、集装箱班轮网络完善和集装箱班轮网络成熟五阶段演化模式。

综合考虑实证对象的典型性和代表性，本书选取全球集装箱运输最活跃和班轮网络较完善的长江三角洲地区作为案例区域，并确定 1996～2013 年为研究期限，选取 1996 年、2002 年、2007 年、2013 年四个重点研究断面，涉及 74 家班轮公司、累计 10726 条集装箱班轮航线。基于上述数据库，本书分别从班轮航线、班轮密度、港口通达性和港口空间联系四个方面分析了 1996～2013 年长江三角洲集装箱班轮网络的时空演化。总体来看，长江三角洲集装箱班轮网络空间结构趋于集中，但不同航线类型呈现出不同的变化特征，长江班轮支线明显趋于集中，沿海班轮航线和近洋班轮航线先集中后分散，而远洋班轮航线则相反。

上海港在集装箱班轮航线数量、班轮密度、港口覆盖率方面均领先于其他港口，国际枢纽港地位不断强化。宁波港地处上海港附近，在班轮航线、班轮密度、通达港口数量增长速度方面已超越上海港，增速位居首位。经过近十几年的发展，宁波港客观上已经成长为国际枢纽港，但与上海港相比，在班轮网络组织方面仍存在较大差距。在长江班轮支线方面，基本形成以上海港为枢纽港、太仓港和南京港为干线港、其他港口为支线港的集装箱班轮运输网络。从空间联系角度看，上海港和宁波港的关系已由原来主要依托沿海班轮航线联系的喂给关系演化为依托国际班轮航线联系的竞争合作关系。

结合集装箱班轮网络演化理论分析、国内外研究成果及长江三角洲集装箱港口体系实情，遴选集装箱班轮网络挂靠港的影响因素，通过多元线性回归模型测算各要素的贡献率，确定班轮公司增撤、布局集装箱班轮航线的关键影响因素。在定量测度的基础上，作者实地调研访谈了港口管理者（上海港、宁波港、南京港）、班轮公司及货运代理等集装箱班轮运输链上的主要节点，访谈结果与模型计算结果基本吻合，仅在港口费用方面略有差异，被访者一致认为港口费用是仅次于港口箱量的影响因素。

在本书的最后，从航运网络、港口体系等级结构和职能结构港区设施解析了长江三角洲集装箱班轮网络的空间演化效应，同时根据集装箱班轮网络演化模式、影响因素及作用机理，以及长江三角洲经济发展走向及对外贸易的发展预期，给出长江三角洲集装箱班轮网络未来演化的基本方向。

潘坤友

2017 年 6 月

目　录

1 绪 论

1.1 引 言

班轮公司是指拥有各类船舶，沿着固定航线，并按预先规定和公开的船期表及运价提供班轮运输服务的企业（Brooks，2000）。目前全球著名班轮公司有马士基航运公司（Maersk，以下简称马士基）、地中海航运公司（MSC，以下简称地中海航运）、法国达飞海运集团（CMA-CGM，以下简称达飞海运）、赫伯罗特公司（Hapag-Lloyd，以下简称赫伯罗特）、中国远洋运输（集团）总公司（COSCO，以下简称中远集运）、日本邮船株式会社（NKY，以下简称日本邮船）、长荣海运股份有限公司（Evergreen，以下简称长荣海运）、美国总统轮船（APL，以下简称总统轮船）、东方海外货柜船运公司（OOCL，以下简称东方海外）、以星综合船运有限公司（ZIM，以下简称以星航运）、南美洲轮船公司（CSAV，以下简称南美轮航）等。班轮运输服务最初发端于 19 世纪上半叶，标志性事件是 1818 年美国黑球轮船公司开辟的历史上第一条班轮航线（纽约—利物浦）。20 世纪 20 年代，日本、德国、法国等船公司开始经营班轮运输，并相继开辟环球航线，从事散货运输，但此时的班轮运输效率低下（王成金和金凤君，2006）。20 世纪 50 年代中期以后，随着集装箱运输从陆上推广到海上，班轮服务与集装箱运输相结合，两者优势得到充分发挥，运输效率大大提高，班轮运输成为集装箱的基本组织形式，集装箱班轮运输成为国际贸易运输的主要载体。随着全球化的不断深入，班轮公司通过对挂靠港、航线、运力等资源的有效组织形成航运网络（包括挂靠港选择、港序安排、航线结构、运力组织等），从而深刻地改变了全球运输格局，并重塑了世界港口体系。集装箱班轮运输网络从萌生到引起相关学科的关注，有着深刻的背景。

1.1.1 全球贸易自由化深入对港口地理研究提出新要求

从全球范围看，20 世纪 80 年代以来，伴随着经济全球化和区域一体化，全球贸易自由化不断加深，从而促进了跨国公司生产活动的全球扩展和全球生产网络的形成，全球（区域）供应链应运而生（Tsui-Auch，1999）。跨国公司全球采购、生产、销售的变化，一方面带动了国与国、地区与地区之间的贸易发展，另一方面也对整个交通和物流行业提出了更高的要求。此外，在由原材料贸易的散货船运输转向成品贸易的集装箱运输，由垂直分工的单向集装箱运输转向水平分工的双向集装箱运输的背景下，国际贸易组织方式的转变和国际贸易量的快速发展也对全球货运方式产生了深刻的影响。当前，全球范围内的货流格局已发生了一系列革命性变化：货运柔性化与一体化特征逐步显现；货运高频率与长远距趋势不断加强（梁双波，2009）；以海运为主导的货运模式开始建立。班轮公司作为海洋运输的重要载体，对其研究显得越加迫切。

1.1.2 集装箱班轮网络逐渐成为国际港口地理学研究新领域

20世纪90年代以来，随着全球化的不断深入，物流贸易量急剧增加，巨大的贸易需求急需高质量、高规模的班轮服务作为支撑（Robinson，2002）。为满足客户快捷的门到门运输服务需求，班轮公司在全球范围内整合资源，购进大量船舶增加运力，联盟同行企业扩展服务网络，兼并上下游物流企业拓展内陆腹地，马士基、中远集运、地中海航运、达飞海运、长荣海运等航运巨无霸应运而生。

班轮公司在推进区域一体化、重塑全球物流格局中起着重要作用，并逐渐取代传统全球贸易链核心的港口，成为主导全球港口体系演化、航运网络重组、海运物流格局的关键因素（Tongzon and Sawant，2007）。然而，这一新的港口地理学现象并未受到国内外港口地理学界的普遍关注。长期以来，以Taaffe、Hayuth、Notteboom、陈航、曹有挥、韩增林等为代表的国内外港口地理学者更为关注的是港口体系陆向腹地交通、产业、城市等要素的演化及其机理与效应，代表性的Taaffe模型、Hayuth模型和Port Regionalization模型（图1.1）已不能对这一海向腹地新特征做出合理、圆满的解释（Taaffe et al.，1963；Hayuth，1981；Notteboom，2005；陈航，1996；曹有挥，1999a，1999b；韩增林和安筱鹏，2001）。例如，Taaffe模型认为随着陆向腹地交通网络的不断发展完善，港口体系内货流有逐步趋于集中的现象，并归纳为孤立港口、支线贯通、港口袭夺、格状线路、港口集中、交通走廊与门户港口形成六阶段模型（Taaffe et al.，1963）。从海向腹地的企业要素、航线视角和物流角度等刻画和分析港口体系的演化过程与发展趋势，已逐渐成为国际港口地理学研究的前沿课题和热点领域。

(a) Taaffe模型

(b) Hayuth模型

散货港　—— 陆上货运通道
集装箱港　---- 远洋航线
　　　　　-·-· 沿海航线

(c) Port Regionalization模型

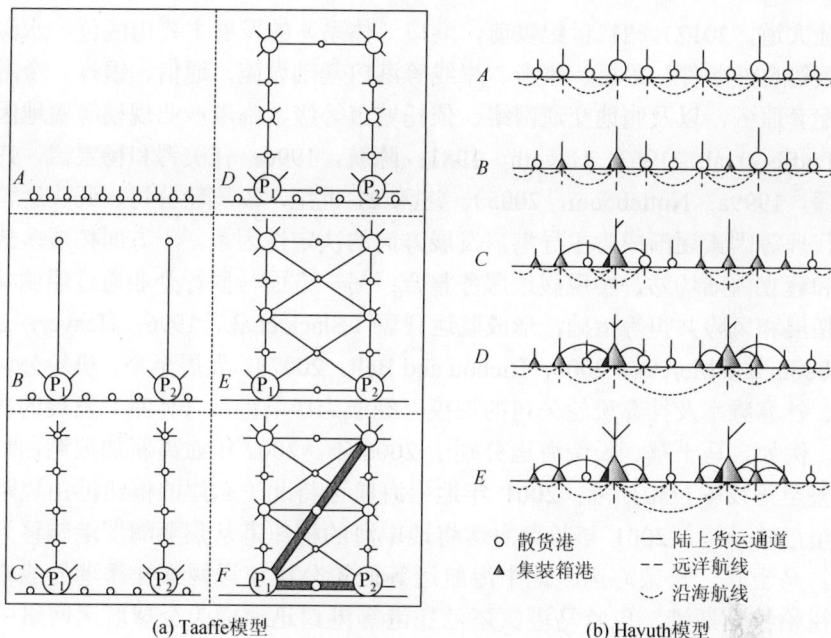

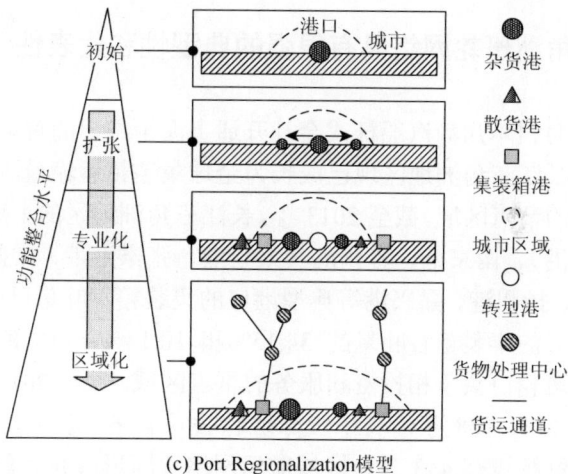

图 1.1　Taaffe 模型、Hayuth 模型和 Port Regionalization 模型

1.1.3　班轮公司已成为影响港口（体系）发展的核心要素

在经济全球化的过程中，港口的作用日渐超越了传统海陆交界面的交通节点，而汇集更多的金融、信息、产业等功能，形成国际物流、客流、信息流和资金流等空间流的连接区域，成为全球的战略性区域和各个国家参与国际竞争的门户区

域（陆大道，2012）。21 世纪以前，港口（体系）的发展主要由区位、水深、风浪掩蔽等自然条件，吊桥、集卡、岸线等港口基础设施，通信、银行、金融、保险等配套服务，以及腹地交通网络、依托城市等级、临港产业规模等腹地因素决定（Taaffe et al.，1963；Hayuth，1981；陈航，1996；任美锷和杨宝国，1998；曹有挥，1999a；Notteboom，2005）。进入 21 世纪，以班轮公司、码头运营商、货运代理等因素逐渐成为主导港口发展方向的决定性因素。一方面拓展多式联运网络和建立内陆场站，实现腹地服务整合；另一方面与同行企业通过船舶共享、服务拓展和风险共担等措施，形成航运联盟（Slack et al.，1996；Heaver，2002；Notteboom and Merckx，2006；Biehou and Bell，2007）。发展至今，班轮公司是否挂靠、挂靠频率及挂靠班轮公司的规模已经成为影响港口（体系）发展的决定性因素。例如，马士基、长荣海运分别于 2000 年、2002 年撤离新加坡港，将枢纽港调整至丹戎帕拉帕斯港；2001 年地中海航运将北美东岸的枢纽港由迈阿密港转移至巴哈马港；2001 年长荣海运将地中海的枢纽港从焦亚陶罗港转移到塔兰托港。马士基、长荣海运、地中海航运等班轮公司航运网络挂靠港的战略调整使丹戎帕拉帕斯港、巴哈马港、塔兰托港等港口迅速成为全球航运网络中的重要节点和区域门户。

1.1.4　长江三角洲班轮网络具有很强的典型性和代表性

继 1976 年 9 月日本川崎汽船株式会社开通上海至神户的首条国际集装箱班轮运输航线以来，长江三角洲地区现已成长为全球集装箱运输最活跃的地区和国际航运网络最重要的节点区域。截至 2013 年，长江三角洲地区的上海港（含洋山港）、宁波港（含舟山港）、南京港、苏州港（太仓港、张家港港、常熟港）、南通港、镇江港、江阴港、扬州港、嘉兴港等典型港口的集装箱吞吐量已达 0.63 亿 TEU[①]，分别占全国和世界的集装箱吞吐量的 34.15% 和 10.14%，巨大的箱源使长江三角洲地区成为世界班轮巨头争相投资和服务的重点区域。截至 2013 年，为该区域提供服务的班轮公司有 128 家，其中国际班轮公司有 66 家；集装箱班轮航线有 728 条，其中外贸航线有 443 条，区域航运网络逐渐形成并完善，其经济社会影响及空间效应令人瞩目。例如，2012 年在上海港、宁波港挂靠服务的主要班轮公司分别为 41 家和 31 家，全球知名班轮公司及国内从事长江班轮支线、沿海班轮航线的主要班轮公司均在上海港或宁波港成立分公司从事集装箱班轮运输业务，沟通长江三角洲地区与欧洲、北美、日韩等世界主要航区的联系（表 1.1）。但与此同时，长江三角洲地区多数港口为了成为国际航运网络上的首（尾）靠港或挂

---

① TEU 是以长度为 20ft 的集装箱为国际单位，也称国际标准箱单位。1ft=0.3048m。

靠港，争相吸引航运巨无霸挂靠服务，结果导致港口间恶性竞争、航线挂靠频繁、船舶进港等待、班轮公司运力过剩等问题，究其重要原因是尚未认识和掌握班轮公司航运网络组织、运营模式对港口体系影响的内在机理。总体来看，长江三角洲地区已形成较为完善的集装箱班轮网络，但问题也十分突出，分析该地区集装箱班轮网络演化历程及内在机理成为当前亟待解决的科学问题。

表 1.1 2012 年上海港、宁波港挂靠服务的主要班轮公司及服务航区

港口	班轮公司	港澳台	日韩	东南亚	澳新	中东	地中海	欧洲	北美	南美	非洲
上海港	智利航运		√						√	√	
	达飞海运	√	√	√	√	√	√	√	√	√	√
	正利航业	√		√							
	京汉航运		√								
	中远集运	√	√	√	√	√	√	√			
	中海集运	√	√		√	√		√	√	√	
	达贸国际										√
	达通国际		√								
	长荣海运	√	√	√		√	√	√	√	√	
	金星轮船										
	汉堡南美									√	
	韩进海运	√	√	√			√	√	√		
	荣升海运							√	√		
	兴亚海运		√								
	德利航运	√		√							
	现代商船		√			√					
	上海锦江	√	√								
	神原汽船										
	川崎汽船	√	√	√	√	√	√	√	√	√	
	高丽海运	√	√	√							
	意大利邮船	√				√	√	√	√	√	
	马士基	√	√		√	√	√	√			√
	总统轮船		√	√					√	√	

续表

港口	班轮公司	港澳台	日韩	东南亚	澳新	中东	地中海	欧洲	北美	南美	非洲
上海港	马鲁巴									✓	
	民生轮船	✓	✓								
	商船三井	✓	✓		✓	✓		✓	✓		
	地中海航运				✓	✓	✓	✓	✓		✓
	日本邮船	✓	✓	✓	✓	✓		✓	✓	✓	✓
	铁行渣华		✓		✓				✓		
	太平洋船务	✓			✓	✓		✓			
	南非海运	✓		✓					✓		✓
	萨姆达拉	✓		✓							
	德国胜利		✓	✓			✓	✓			
	长锦商船										
	中外运集运	✓									
	海丰航运		✓	✓					✓		
	墨西哥轮船		✓						✓		
	天津海运	✓	✓								
	万海航运	✓		✓							
	阳明海运	✓		✓		✓	✓	✓	✓		
	以星航运	✓		✓			✓			✓	
宁波港	智利航运		✓							✓	
	达飞海运	✓		✓	✓		✓	✓	✓		✓
	正利航业	✓		✓							
	京汉航运		✓								
	中远集运	✓	✓		✓	✓		✓	✓		✓
	中海集运	✓	✓		✓	✓	✓	✓	✓		✓
	达贸国际										✓
	长荣海运	✓				✓	✓	✓	✓	✓	
	金星轮船	✓		✓							
	汉堡南美									✓	

续表

港口	班轮公司	港澳台	日韩	东南亚	澳新	中东	地中海	欧洲	北美	南美	非洲
宁波港	韩进海运	✓		✓				✓	✓	✓	
	荣升海运						✓	✓	✓		
	兴亚海运		✓								
	现代商船		✓			✓			✓		
	神原汽船		✓								
	川崎汽船	✓	✓	✓			✓		✓		
	高丽海运	✓	✓	✓							
	意大利邮船					✓	✓		✓		
	马士基	✓		✓	✓		✓	✓	✓	✓	✓
	总统轮船								✓		
	民生轮船		✓								
	日本邮船	✓					✓		✓		
	铁行渣华		✓						✓		
	太平洋船务	✓		✓		✓					
	南非海运								✓		
	德国胜利			✓				✓			
	中外运集运	✓									
	烟台海运		✓								
	万海航运	✓							✓		
	阳明海运	✓					✓	✓			
	以星航运	✓						✓	✓		

由此可见，立足长江三角洲集装箱班轮网络快速发展的客观实际，深入探讨班轮公司航运网络演化的客观规律，系统分析其对港口体系的影响，不仅可以为班轮公司航运网络组织优化、港口体系健全发展提供科学依据，而且可以为港口地理学研究提供航运网络研究视角和范例。为此，本书拟以长江三角洲集装箱班轮网络为研究对象，针对其空间演化效应，着重回答以下三个方面的问题。

（1）近20年来长江三角洲集装箱班轮网络是如何演化的？怎样测度这种演化？

（2）为什么会出现这样的变化？内在机理是什么？

（3）这样的演化对长江三角洲港口体系、港区设施有何影响？

1.2　实证对象选择

1.2.1　港口选择

依据港口集装箱发展史、历年的箱量规模、泊位数量、岸线水深等指标，结合长江三角洲地区的行政区范围，选取上海港（含洋山港）、宁波港（含舟山港）、南京港、太仓港、张家港港、常熟港、江阴港、南通港、镇江港、扬州港、泰州港、嘉兴港 12 个港口作为长江三角洲集装箱港口体系的组分（图 1.2）。

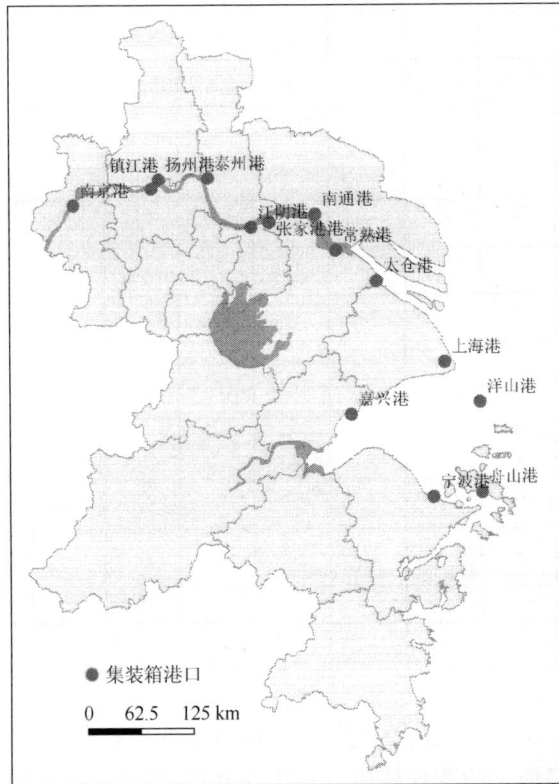

图 1.2　长江三角洲主要集装箱港口空间分布

梳理 20 世纪 80 年代以来长江三角洲地区的上海港、宁波港、南京港等 12 个港口的集装箱吞吐量（图 1.3），可以看出长江三角洲集装箱港口吞吐量发展可分为三个阶段。一是 1981～1991 年的缓慢发展期，此阶段处于改革开放的初期，经济发展速度较慢，派生的区域间及对外贸易的运输需求有限，且集装箱运输尚处于技术试验阶段，受专业码头数量、船舶规模、装卸设备等基础硬件的限制，长江三角洲集装箱港口吞吐量增长缓慢，1981 年仅为 4.95 万 TEU，发展至 1991 年为 74.43 万 TEU，箱量绝对规模有限。二是 1992～2001 年的快速发展期，现代化集装箱码头和生产制造业的发展推动了长江三角洲集装箱运输快速发展，吞吐量由 1992 年的 95.42 万 TEU 增加至 2001 年的 824.65 万 TEU，其中 2001 年上海港、宁波港分别为 633.98 万 TEU 和 121.27 万 TEU，位居世界第 6 位和第 49 位。三是 2002～2013 年的全面提升期，长江三角洲集装箱港口建设开始强调港口之间的互动，注重大型化、专业化泊位建设，拓展现代物流功能，全面提升港口服务水平。货运代理、船代、无船承运人、航运金融、船舶经纪等港航服务业发展迅速，物流园区、保税港区、保税物流区、自由贸易区等港口后勤区建设也普遍展开。长江三角洲集装箱港口体系在软、硬实力方面均有很大提升，集装箱吞吐量获得飞速发展，由 2002 年的 1115.89 万 TEU 增加至 2013 年的 6294.14 万 TEU，年均增长 17.03%，其中上海港和宁波港分别位居世界第 1 位和第 6 位。

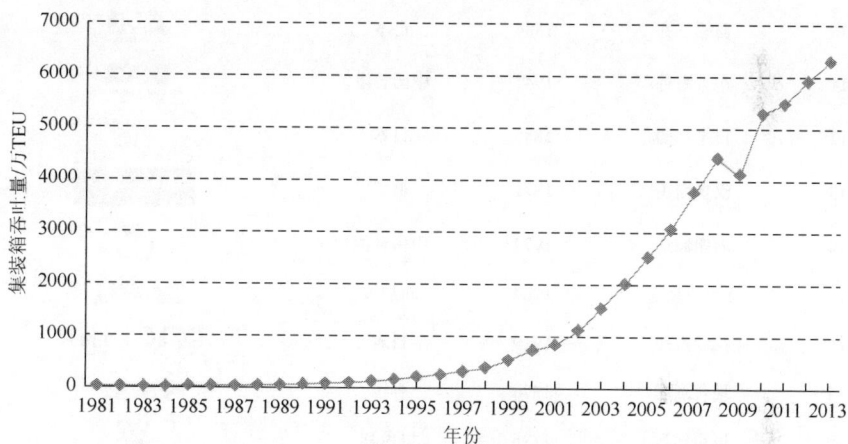

图 1.3　1981～2013 年长江三角洲集装箱港口吞吐量

资料来源：1999～2013 年中国港口年鉴、政府各年的统计公报等

1.2.2　班轮公司选择

依据资料的可获取性及纵贯数据的可比性，总计选定曾经和正在服务长江三角洲港口的班轮公司 74 家作为研究对象，样本基本涵盖了全球知名的班轮运输企业，如马士基、地中海航运、达飞海运、赫伯罗特、中远集运、长荣海运、总统轮船、韩进海运、以星航运等，及国内从事长江班轮支线、沿海班轮航线的主要班轮公司，如长江航运、民生轮船、泛亚航运、阳光速航、浦海航运、武汉长伟、重庆太平洋、申舟船务、天津海运、新海丰航运等（表 1.2）。

表 1.2　长江三角洲地区曾经和正在服务的主要班轮公司

序号	班轮公司	成立时间	国家和地区	商标
1	马士基	1904	丹麦	MAERSK
2	地中海航运	1970	瑞士	MSC
3	达飞海运	1978	法国	CMA CGM
4	长荣海运	1868	中国台湾	EVERGREEN LINE
5	中远集运	1961	中国	
6	赫伯罗特	1970	德国	Hapag-Lloyd
7	总统轮船	1848	新加坡	APL
8	韩进海运	1977	韩国	HANJIN SHIPPING
9	中海集运	1997	中国	CIS
10	商船三井	1884	日本	MOL
11	东方海外	1947	中国香港	OOCL We take it personally
12	日本邮船	1885	日本	NYK GROUP
13	汉堡南美	1871	德国	HAMBURG SÜD GROUP
14	阳明海运	1972	中国台湾	Y
15	太平洋船务	1967	新加坡	PIL
16	川崎汽船	1919	日本	K LINE
17	现代商船	1976	韩国	HMM
18	以星航运	1896	以色列	ZIM
19	阿拉伯联合航运	1979	波斯湾六国	UASC
20	南美邮船	1872	智利	CSAV
21	万海航运	1965	中国台湾	W
22	高丽海运	1954	韩国	KMTC LINE
23	新海丰航运	1996	中国	SITC
24	中国外运	1998	中国	SINOTRANS
25	智利航运	1930	智利	c c n i
26	意大利邮船	1936	意大利	
27	铁行渣华	1837	荷兰	P&O Nedlloyd

续表

序号	班轮公司	成立时间	国家和地区	商标
28	德国胜利	1963	德国	
29	美森轮船	1882	美国	Matson
30	神原汽船	1903	日本	KAMBARA KISEN COMPANY
31	澳亚航运	1995	荷兰	AUSTRAL ASIA LINE
32	正利航业	1971	中国台湾	CNC
33	京汉海运	1961	韩国	
34	达贸国际	1867	法国	DELMAS
35	达通国际	1989	中国	EAS
36	金星轮船	1958	中国香港	GOLD STAR LINE LTD
37	长荣海运英国公司	2002	英国	EVERGREEN
38	兴亚海运	1961	韩国	HEUNG-A
39	德利航运	1993	马来西亚	HUBLine
40	长锦商船	1989	韩国	SINOKOR 长锦商船株式会社 Sinokor Merchant Marine Co.,Ltd.
41	上海锦江航运	1983	中国	锦江航运
42	马鲁巴航运	1962	阿根廷	MARITIMA MARUBA
43	南非海运	1946	南非	Safmarine
44	萨姆达拉	1989	印度尼西亚	SAMUDERA
45	美国天宝轮船	1993	美国	TBS
46	太荣商船	1955	韩国	TaiYoung Shipping
47	墨西哥轮船	1964	墨西哥	Grupo TMM
48	天津海运	1992	中国	
49	莱克斯轮船	18世纪末	美国	Hapag-Lloyd
50	德翔航运	2001	中国香港	T.S. LINES 德翔海运
51	上海泛亚航运	2004	中国	上海泛亚航运有限公司 Shanghai PANASIA Shipping Co.,Ltd.

续表

序号	班轮公司	成立时间	国家和地区	商标
52	俄远东海洋轮船	2005	俄罗斯	FESCO
53	上海海华轮船	1989	中国	
54	马来西亚国际航运	1968	马来西亚	MISC
55	阿联酋航运	2006	阿联酋	EMIRATES SHIPPING LINE
56	江苏远洋	1980	中国	江苏 远洋
57	立荣海运	1968	中国台湾	UNIGLORY LINE
58	嘉宏航运	1990	中国香港	CARGO SERVICES FAR EAST
59	香港明华船务	1980	中国香港	
60	浙江远洋运输公司	1980	中国	
61	朝阳商船	1961	韩国	2002 年破产
62	宏海箱运	1979	中国香港	RCL
63	澳洲航运	1956	澳大利亚	ANL
64	南星海运	1950	韩国	
65	上海浦海航运	2000	中国	PUHAI SHIPPING
66	重庆长江轮船	清朝末年	中国	重庆长江轮船公司 CHONGQING CHANGJIANG SHIPPING CORP
67	民生轮船	1925	中国	
68	长伟国际航运	1952	中国	武汉长信国际航运实业有限公司 WUHAN ASSOCIATED MARINE TRANSPORT INC.
69	重庆太平洋国际物流	1996	中国	重庆太平洋国际物流公司
70	上海申舟船务	2005	中国	上海申舟船务有限公司 Shanghai Central Shipping Co., Ltd
71	浙江和易海运	2004	中国	和易集团
72	大新华轮船	2008	中国香港	
73	中国长江航运	1950	中国	
74	上海长江轮船	1952	中国	上海长江轮船公司 SHANGHAI CHANGJIANG SHIPPING CORP

资料来源：根据 1996～2013 年《中国航务周刊》整理得到

1996～2013 年班轮公司累计 826 家、航线累计 10726 条（图 1.4）。总体来看，1996 年以来长江三角洲班轮航线呈现波动性上升趋势，由 1996 年的 311 条增加至 2013 年的 711 条，2008 年金融危机前后对长江三角洲班轮航线乃至全球远洋运输都产生了巨大影响，全球箱量大幅下降，马士基、中远集运等众多班轮公司为应对货源不足、财务亏损、运费下降等情况，缩减或合并航线、减少运力，使长江三角洲班轮航线减少至近 10 年来的最低点，2009 年仅为 574 条。与此同时，全球班轮业整体进入"严冬"，调整速度较慢的班轮公司或被淘汰或被收购或被兼并，激烈的行业竞争致使在长江三角洲地区服务的班轮公司数量经过 1996～2003 年的短暂扩张期后，整体进入缩减时期，在 2009 年达到最低的 37 家，航线和运力逐渐向马士基、长荣海运、赫伯罗特、达飞海运、中远集运、阳明海运、韩进海运、总统轮船、商船三井、胜利航运等班轮巨头结成的 CKYH、G6、P3 等航运联盟集聚。

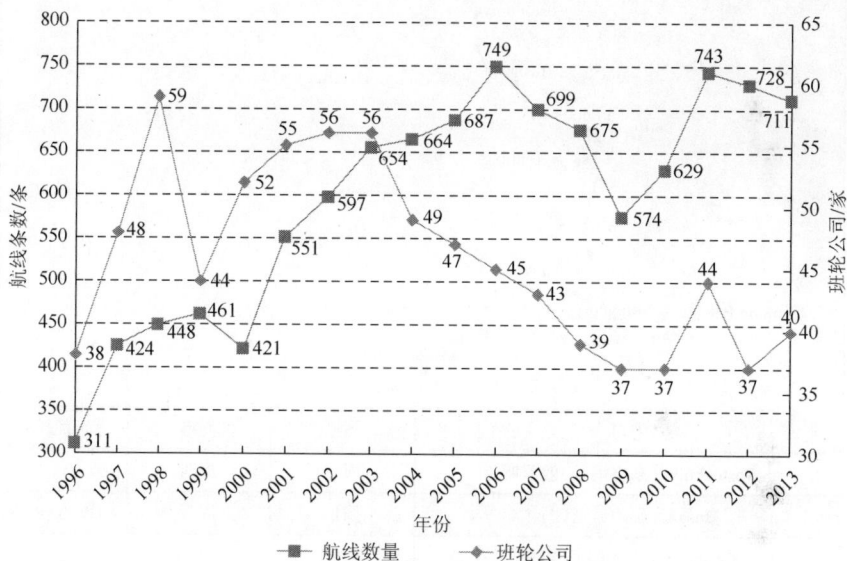

图 1.4　1996～2013 年挂靠长江三角洲集装箱港口体系的航线及班轮公司数量

1.3　数　据　来　源

本书研究数据主要包括集装箱班轮航线和班轮密度两个方面，班轮公司船期表是主要数据来源，它既含有各航线停靠的港口，同时也给出了各航线班轮发船时间及停靠港口的时间（图 1.5）。班轮公司船期主要来源于班轮公司官网，港口、班轮公司调研访谈、锦程物流网、德鲁里（Drewry）、Alphaliner 等航运信息咨询网，《中国航务周刊》及各港务集团网站等。

本书的集装箱班轮航线和班轮密度数据主要由上述图书、网站、调研等获得并整理，同时考虑以下三个方面确定最终研究数据。

（1）由于收集和处理全年航班信息工作量巨大，且班轮公司大都以周为基本单位发布船期，所以采用周为基本统计时间单元。同时考虑各条航线的班次有每周多班、每两周一班、每月一班的情况，避免航线和班轮的遗漏，本书最终确定以月为单位统计各港口的班轮密度。

（2）为了避免特别繁忙的旺季（9月和10月要为欧美的圣诞节出货）及不稳定的淡季（1月和2月，中国的新年），同时考虑3月、4月、5月、6月、7月、8月、11月、12月8个月的船期相对稳定，且各月之间波动较小，故选取中间的6月为分析月。

（3）航线和班轮仅统计涉及中国港口（含台湾、香港地区）的集装箱班轮航线和发船频率。

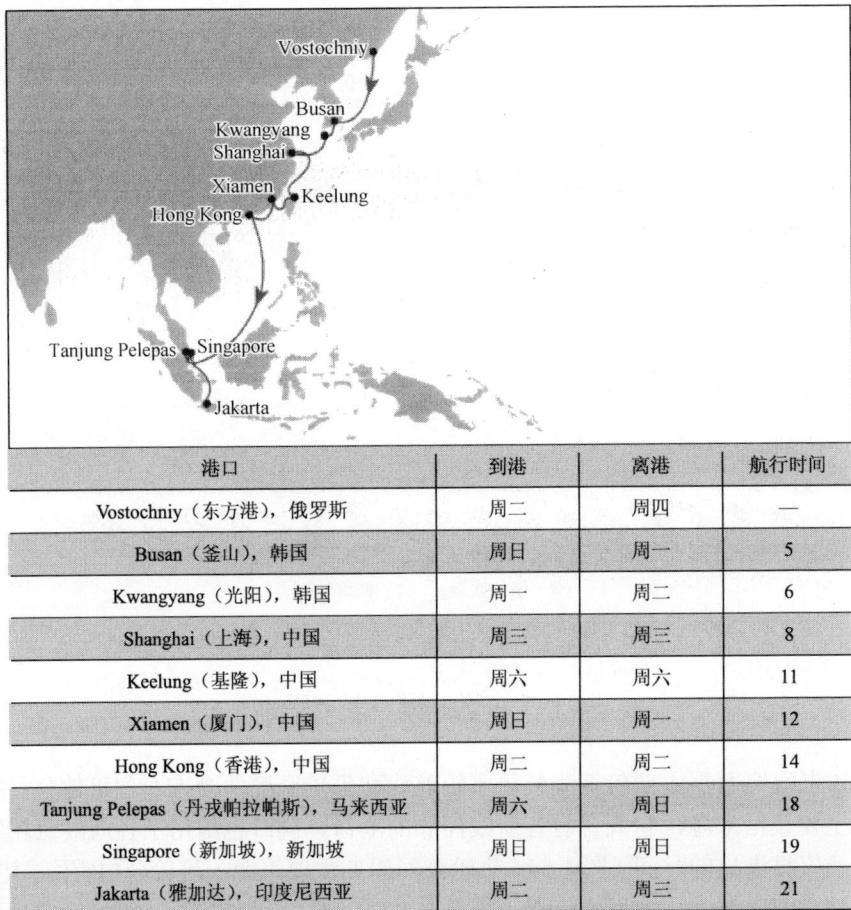

港口	到港	离港	航行时间
Vostochniy（东方港），俄罗斯	周二	周四	—
Busan（釜山），韩国	周日	周一	5
Kwangyang（光阳），韩国	周一	周二	6
Shanghai（上海），中国	周三	周三	8
Keelung（基隆），中国	周六	周六	11
Xiamen（厦门），中国	周日	周一	12
Hong Kong（香港），中国	周二	周二	14
Tanjung Pelepas（丹戎帕拉帕斯），马来西亚	周六	周日	18
Singapore（新加坡），新加坡	周日	周日	19
Jakarta（雅加达），印度尼西亚	周二	周三	21

图 1.5　2013 年 5 月马士基亚洲内部班轮航线船期

资料来源：马士基官网（MCC Transport）

1.4 研究思路与内容

1.4.1 研究思路

文献检索与模型构建。在对国内外相关文献查阅、梳理、分析的基础上，归纳班轮公司航运网络的挂港、航线、运力等组分及其特征指标，总结航运网络运营的主要模式和航线转移的影响因素，建立班轮公司航运网络时空演化的影响因素序列；以港口地理学和空间经济学为基础，通过 ArcGIS 空间分析软件、SPSS 计量分析软件等构建空间网络分析模型和航运网络演化对港口体系影响的测度模型。

样本选择与资料收集。选择马士基、中远集运、地中海航运、达飞海运、长荣海运、总统轮船、东方海外等挂靠长江三角洲服务的班轮公司为研究样本，以 20 世纪 90 年代长江三角洲集装箱港口快速发展为研究起始点，通过查阅《中国航务周刊》、港务局网站、班轮公司官网、航运交易所、锦程物流网、德鲁里（Drewry）、Alphaliner 等大量政府或非政府组织、航运交易所等权威机构的各类年报和公报出版物，收集各班轮公司船期表，结合实际班轮公司、港口、货运代理、货主等航运链中重要节点的调研访谈，建立班轮航线、船期密度等空间网络数据库。

数据处理与网络分析。依据上述数据库，分析集装箱班轮网络时空演化的路径、方向和范围；确立影响集装箱班轮网络结构变化的因素及其指标量化，计算各要素的贡献率，提取影响航运网络演化的关键因素；探寻班轮公司航运网络演化的动力机理、组织模式与港口体系的互动规律；分析长江三角洲集装箱班轮网络演化的空间效应。

研究思路如图 1.6 所示。

1.4.2 研究内容

根据上述研究思路，本书共分为 7 章，其中第 1 章为绪论，第 2～6 章为本书主体，第 7 章为结论和展望。

第 1 章主要介绍选题依据、实证对象遴选、研究数据来源、案例区域选择等内容。

第 2 章对班轮运输、班轮网络、首（尾）靠港等基本概念进行界定，并梳理国内外港口地理领域的相关研究进展，为后续相关研究开展提供了基本前提。

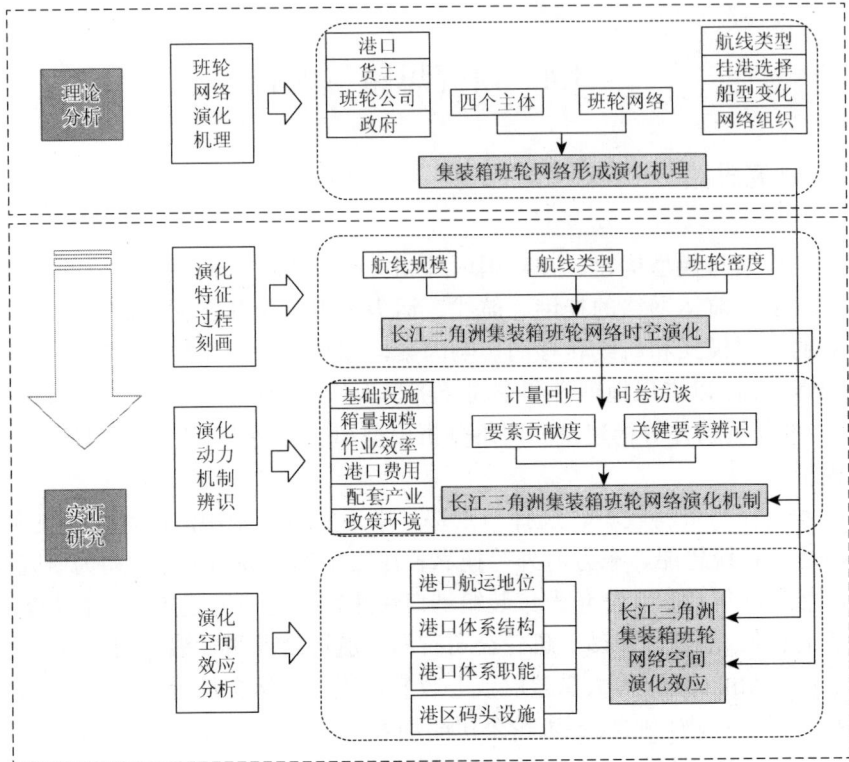

图 1.6 研究思路

　　第 3 章重点从港口、货主、班轮公司、政府四个主体分析集装箱班轮运输网络形成演化机理，并总结归纳出集装箱班轮网络五阶段演化模式。

　　第 4 章从班轮航线、班轮密度、港口通达性和港口空间联系四个角度解析1996～2013 年长江三角洲集装箱班轮网络的时空演化。

　　第 5 章定量测度长江三角洲班轮公司布局、增撤、转移集装箱班轮航线的关键影响因素，并通过典型港口和班轮公司的实地访谈和问卷调查进行验证。

　　第 6 章从航运网络、港口体系、港区设施三个方面解析了长江三角洲集装箱班轮网络的空间演化效应，并预判长江三角洲集装箱班轮网络未来演化的基本方向。

　　第 7 章为研究结论和展望，并指出研究存在的不足。

2 相关概念与研究进展

本章对班轮运输、班轮网络、港口体系、首（尾）靠港等基本概念进行了诠释，并将集装箱班轮航线界定为远洋班轮航线、近洋班轮航线、沿海班轮航线和长江班轮支线四种类型。在此基础上，回顾了国内外港口地理学的主要研究内容，并对集装箱班轮网络的相关研究进行了重点梳理和评述。

2.1 相 关 概 念

2.1.1 班轮运输

在国际航运业务中，按经营方式通常划分为班轮运输和租船运输两种。租船运输又称不定期船舶运输（chartering shipping），船舶所有人在航运市场上寻求机会，与需要运力的货主之间签订租船合同组织运输，稳定性差，船舶的航行路线、运输货物的种类及停靠的港口均不固定。租船运输主要承运矿石、煤炭、石油、谷物等大宗货物，这种运输方式大约承担了整个海运量的 80%。班轮运输（liner shipping）通常是指固定的船舶沿着固定航线，并按预先规定和公布的船期表进行航行，沿途停靠若干个固定港口，而且运价较为固定（王成金和金凤君，2006）。按运输对象，班轮运输可分为普通杂货运输和集装箱班轮运输。由于集装箱班轮运输具有航行速度快、装卸效率高、便于多式联运等特点，越来越多的普通杂货运输被集装箱班轮运输所取代，集装箱班轮运输承运货物的价值占世界海运货物总价的比例达到 80%左右。发展至今，集装箱班轮运输已成为世界航运市场中的基本组织模式（表 2.1）。集装箱班轮运输有以下三个特点。

（1）船期准。班轮按预先公布的船期表航行，船舶开航和到港时间都较为固定。此外，集装箱船舶的航速也大大超过普通杂货运输，机械化程度较高，货物装卸受天气影响较小，为船期的准确性提供了有利保证。

（2）船期稳。班轮准时为船期固定创造了条件，如每天一班、每周一班或每周多班等。此外，船期固定不仅便于货主或无船承运人的业务规划，而且便于航运部门和港口作业计划、调度等工作的开展。

（3）网络化。集装箱班轮运输要求干线与干线、干线与支线之间，以及海上与陆路运输之间保持有效、良好的衔接，形成高效的航运网，以最大程度提高运输效率。集装箱班轮运输是一种资金密集型运输系统，为了最大限度地发挥运输系统的运输效率和经济效率，就必须积极促进主要航线的稳定性，并扩大支线运输网，以提高网络的覆盖范围和揽货能力。

表 2.1　2013 年 10 月全球班轮公司运力 50 强

排名	班轮公司	合计		自有		租赁		租船比[①]/%
		标箱/TEU	船舶/艘	标箱/TEU	船舶/艘	标箱/TEU	船舶/艘	
1	马士基	2610233	581	1424345	245	1185888	336	45.4
2	地中海航运	2359264	475	1041395	190	1317869	285	55.9
3	达飞海运	1501056	426	526284	83	974772	343	64.9
4	长荣海运	846699	204	467107	103	379592	101	44.8
5	中远集运	785187	169	422090	105	363097	64	46.2
6	赫伯罗特	730016	152	384367	64	345649	88	47.3
7	总统轮船	645887	124	312600	44	333287	80	51.6
8	韩进海运	631915	116	311546	46	320369	70	50.7
9	中海集运	596479	138	417043	76	179436	62	30.1
10	商航三井	550896	112	214722	35	336174	77	61.0
11	东方海外	467808	89	312065	46	155743	43	33.3
12	日本邮船	459155	102	300513	54	158642	48	34.6
13	汉堡南美	450476	103	244015	43	206461	60	45.8
14	阳明海运	394174	92	233755	48	160419	44	40.7
15	太平洋航务	376883	176	245319	114	131564	62	34.9
16	川崎汽船	343947	66	122552	20	221395	46	64.4
17	现代商船	335345	58	100646	17	234699	41	70.0
18	以星航运	332358	86	133394	25	198964	61	59.9
19	阿拉伯联合航运	277152	50	198164	26	78988	24	28.5
20	南美邮船	271173	54	87430	16	183743	38	67.8
21	万海航运	165791	73	144493	65	21298	8	12.8
22	伊朗航运	88608	22	6864	3	81744	19	92.3
23	X-Press	84892	61	16256	11	68636	50	80.9
24	尼罗河航运	76545	32	1301	1	75244	31	98.3
25	高丽海运	72490	48	28569	23	43921	25	60.6
26	新海丰航运	65982	63	34125	33	31857	30	48.3

续表

排名	班轮公司	合计		自有		租赁		租船比^①/%
		标箱/TEU	船舶/艘	标箱/TEU	船舶/艘	标箱/TEU	船舶/艘	
27	联合支线公司	58867	57	—		58867	57	100.0
28	德翔海运	53291	28	3156	2	50135	26	94.1
29	西马泰克	53056	22	9603	4	43453	18	81.9
30	宏海箱运	48036	32	23329	22	24707	10	51.4
31	Arkas 航运	46725	37	31179	24	15546	13	33.3
32	中国外运	44741	34	25074	19	19667	15	44.0
33	智利航运	42978	14	—	—	42978	14	100.0
34	格里马迪海运	39615	38	37932	36	1683	2	4.2
35	喜宝海运	37750	34	1444	2	36306	32	96.2
36	Meratus 船运	34583	52	33924	47	659	5	1.9
37	美森航运	32381	20	31118	17	1263	3	3.9
38	兴亚海运	29741	27	8024	13	21717	14	73.0
39	泉州安盛船务	28818	33	24127	24	4691	9	16.3
40	萨姆达拉	28817	34	10971	18	17846	16	61.9
41	萨拉姆太平洋	28327	48	27039	46	1288	2	4.5
42	太古船务	28166	23	24110	18	4056	5	14.4
43	施乐集团	27402	16	9506	5	17896	11	65.3
44	长锦商船	26701	30	19031	21	7670	9	28.7
45	美国海天航运	26264	13	21260	10	5004	3	19.1
46	麦希纳航运	25927	13	21528	10	4399	3	17.0
47	唐多尹蒂姆航运	25402	44	25402	44	—	—	—
48	施瑞亚斯航运	25038	19	12799	11	12239	8	48.9
49	印度国家航运	24491	7	14407	5	10084	2	41.2
50	运东轮船	23824	21	13154	15	10670	6	44.8

资料来源：Alphaliner 网站

注：①租船比=租赁标箱/合计标箱

2.1.2 班轮网络

班轮网络是指在集装箱班轮运输过程中港口、航线和船舶等资源要素有效组织而形成的空间网络，其研究内容包括挂靠港选择、航线组织、船舶配置等。

（1）港口，即挂靠港，简称挂港、靠港等。世界集装箱运输发展于 20 世纪

70 年代，班轮运输主要服务于欧美之间的贸易，班轮挂靠的港口较少，仅有 74
个，且大都分布于北美、西欧、北欧的一些国家及日本和澳新线等国家和地区，
发展中国家较少。随着集装箱技术的推广和以中国为代表的发展中国家贸易的快
速发展，世界集装箱港口网络得到飞速发展，截至 2011 年，全球约有 400 个集装
箱港口开展班轮运输，大于 3000TEU 的港口有 164 个（图 2.1）。其中东亚，尤其
中国集装箱运输的发展格外引人瞩目，截至 2013 年我国沿海有上海港、深圳港、
香港港、宁波港、青岛港、天津港、广州港 7 个港口集装箱吞吐量超过 1300 万
TEU，且全部进入世界前 10，分别位居第 1 位、第 3 位、第 4 位、第 6 位、第 7
位、第 8 位、第 10 位。

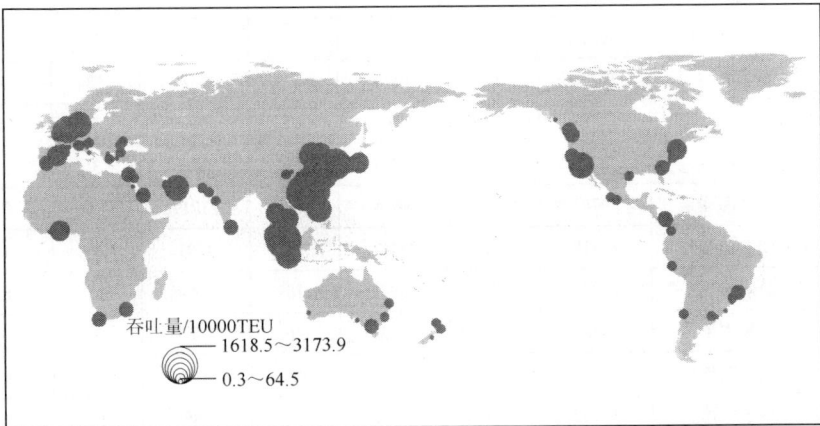

图 2.1　2011 年世界班轮公司挂靠港空间分布及吞吐量（大于 3000TEU）

（2）船舶。集装箱船舶发端于 20 世纪 60 年代。自 1956 年美国率先在海上开
展集装箱运输迄今（1956 年 4 月 26 日，美国美森航运公司的"ideal X"号船舶
载着 58 个 33ft 的集装箱从纽约港出发，驶向休斯敦港），在规模经济的促使下，
集装箱船舶日趋大型化（Notteboom，2002）。总体来看，集装箱船的发展经历了
四个阶段（表 2.2）。第一代运载集装箱船由杂货船或油船改装而成。经过了近 10
年的发展，到 1966 年，第二代专用集装箱船问世，并投入到横跨大西洋和太平洋
的运营。1971 年，第三代集装箱船出现并投入运营。1984 年，第四代集装箱船出
现，此时专用集装箱船已进入成熟期，载箱量达 4300TEU。第五代集装箱船在
1990～1995 年批量投入运营，并成为目前和今后相当一段时间内全球远洋航线
上的主流船型。载箱量 5000TEU 以上的集装箱船和载箱量 6000TEU 以上的第六
代集装箱船于 1995 年和 1996 年先后问世，并对全球集装箱运输业，特别是对
码头、进出港水域、装卸船机械、装卸工艺系统等硬件设施的建设与发展产生
了极大的冲击和影响。

表2.2　集装箱船舶的主要技术参数

代别	级别	开发时间	总长/m	船宽/m	船深/m	吃水/m	吨位/t	装载/TEU
第一代	支线船	20世纪50年代中期	200.0	26.0	15.5	10.5	16240	700～1500
第二代	轻便型	20世纪60年代中期	280.0	32.2	19.6	11.5	37799	1800～2300
第三代	亚巴拿马型	20世纪70年代初期	258.5	32.2	24.1	13.2	52615	2000～2500
第四代	巴拿马型	20世纪80年代中期	294.0	32.2	21.2	13.5	53800	2500～4400
第五代	超巴拿马型	20世纪80年代末期	275.2	39.4	23.6	12.5	61900	4300～5400
第六代	特超巴拿马型	20世纪90年代中期	318.2	42.8	24.1	14.0	81488	6000～6670
第七代	特超巴拿马型	20世纪90年代末期	347.0	42.8	24.1	14.5	91560	7000～8700
第八代	苏伊士型	21世纪初期	380.0	55.0	30.0	15.0	150000	10000～13000

（3）航线。航线是指船舶在两个港口间的海上航行路线，依据航线两端的航区可划分为太平洋航线、大西洋航线、苏伊士运河航线、巴拿马航线等；依据航线两端航区的远近可分为远洋航线、近洋航线、沿海航线、内河支线等。不同类型航线的空间组合形成航线组织模式，目前班轮网络主要有4种基本组织模式。

港口对（point to point）航线。港口对航线主要是指集装箱船舶在固定的两个港口间进行班轮运输，两个港口分别为船舶航行的目的港和始发港，如枢纽港与喂给港之间的航运支线。随着集装箱船舶的大型化，为提高船舶的箱位利用率，在港口对航线的基础上，衍生出两端港航线（图2.2）。同一虚线圆圈范围内的港口可以视为一个虚拟的大港，即一个端港，船舶在此端港的货量分批次在不同的实际港口（*A*、*B*、*C*、*D*）分别装运。另一端也是如此，将*E*、*F*、*G*、*H*视为一个虚拟的目的港，到该虚拟港的货物分批次、分地点（*E*、*F*、*G*、*H*）卸下，如目前的远东—美加①航线。该类航线可以提供直达服务，航行时间相对较短，但运营成本较高。

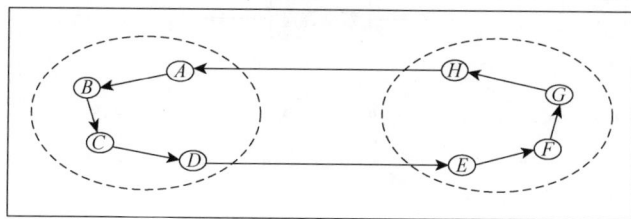

图2.2　两端港航线

资料来源：维基百科

---

① 美加，美国和加拿大作为一条航线。

轴-辐（hub-and-spoke）航线。轴-辐航线又称干支配合航线，是以枢纽港之间的干线航线为骨架，以枢纽港与周边喂给港之间的喂给支线为补充而构成的海上航运网络。干线航线由吨位较大的超巴拿马型集装箱船运行，有挂靠箱源充足、地理位置优越、腹地交通完善的枢纽港。喂给港由于周转量较小，采用支线运输将货物输送至枢纽港，通过枢纽港将货物中转到远洋或近洋等干线航线，以实现相互之间的运输连接（图2.3）。上海、新加坡、香港、釜山等港口以其优越的地理位置，依靠轴-辐航线，吸引大量的境外中转集装箱。

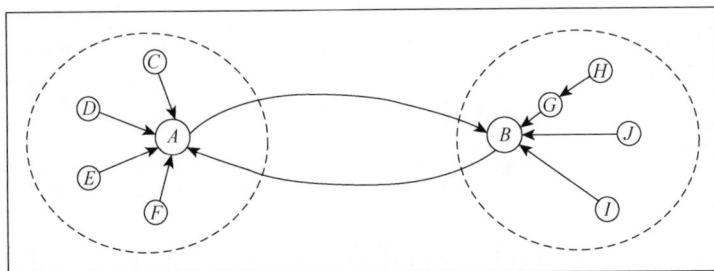

图2.3　轴-辐航线

资料来源：维基百科

钟摆式（pendulum）航线。船舶从某个中间地区的几个港口（即中间港群）开航，向东航行至东部地区的几个港口（即东港群）进行装卸，再从东港群摆回至中间港群进行装卸，然后由中间港群出发向西摆至西港群进行装卸，再由西港群摆回中间港群，即完成一个钟摆周期（图2.4）。代表性的钟摆航线有欧洲—北美—远东航线（巴拿马钟摆航线）和欧洲—远东—美西航线（远东钟摆航线）。此类航线的优势是覆盖面较大，可运载多个贸易区的货物，提高箱位利用率，但航线较长，需要投入较多船舶。

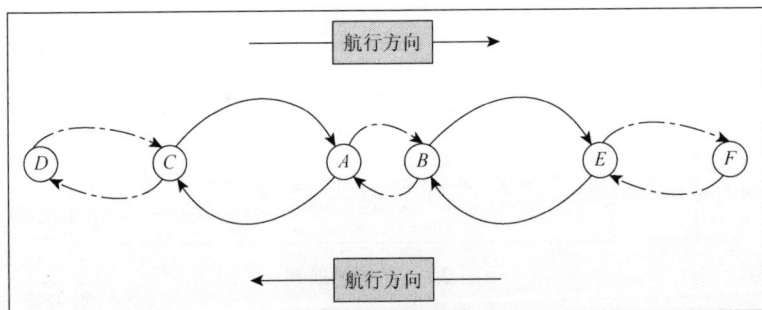

图2.4　钟摆式航线

资料来源：维基百科

环绕式（go-around）航线。在选定的港口间依次停靠每一港口，一般一个航次中，每个港口仅挂靠一次（挂靠两次的情况很少）。环绕式航线的特点是只有去程没有回程，能解决航线上货流不平衡问题，提高船舶箱位利用率；即使港口待运货源不足，也可用大型船舶进行运输，具有较高的经济性，喂给港的货源需要向枢纽港喂给，有效地解决枢纽港与喂给港之间的纷争。但环绕式航线也存在航线挂靠的港口数量较多、航行周期长等不足。针对环绕式航线周期长的缺点

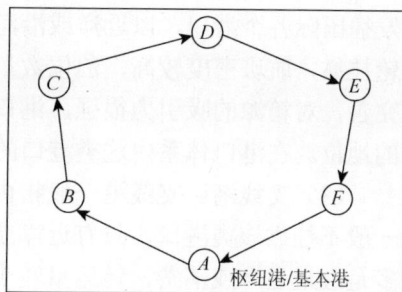

图 2.5 环绕式航线

资料来源：维基百科

可增设反向航线以减少航线运行所需要的时间，由于贸易的不平衡性，正向、反向环绕式航线可选择不同港口（图 2.5）。例如，远东—北美航路上的班轮航线大都属于环绕式航线。

2.1.3 港口体系

港口体系是港口地理学的核心概念，是指一定地域内不同类型、不同等级的港口的空间分布与组合。具体内容包括：①港口规模，不同规模港口的数量和组合特征，以港口通过能力或吞吐量大小表示；②港口职能，不同职能港口的数量和组合特征，以港口的功能结构及用途表示；③港口结构，各类各级港口的地理分布、各港口间的分工与联系及各港口的腹地范围与腹地间的相互关系，以它们的地理位置、相互距离等空间特征表示。本书将港口职能体系划分为枢纽港、干线港、支线港和喂给港。

（1）枢纽港。枢纽港是港口体系的核心节点，在港口体系中有着特殊的空间特征，一直是港口地理研究的焦点（Notteboom，2002）。目前关于枢纽港的定义尚未统一，英文也有不同的表述，如 load port、load center、mainport 等。例如，Wang 和 Slack（2004）认为枢纽港主要是指转运中心。本书把枢纽港界定为集装箱航运网络的关键节点，拥有较多的远洋航线和较高的远洋航班密度，可衔接近洋或内贸等不同航线，拥有广阔的内陆腹地或海向腹地，箱源充足，是全球或区域集装箱的集散基地，其吞吐量高并在全球或区域内占有较大比例，掌控着集装箱航运网络的空间组织，并主导着全球或区域性港口体系的空间关系（王成金，2008b）。在港口体系内这类港口的数量一般只有 1 个，局部箱量充足的地区可达到两三个。

（2）干线港。干线港一般指在国际上具有一定地位，有固定的集装箱船班期发往国际各个港口，以近洋或沿海航线班轮挂靠为主，并拥有一定的国际远洋班轮挂靠，航班密度较高，泊位数量较多，设备先进且装卸效率高，腹地交通网络完善，对箱源的吸引力很强，港口的吞吐量较大，在国际集装箱运输中占有重要的地位。在港口体系内这类港口的数量较少。

（3）支线港。支线港一般指内河大港、河口港或者沿海二类港口，远洋航线一般不挂靠该类港口，只有近洋航线、沿海航线和内河支线在此挂靠，港口货物多是腹地生产或消费，转运量较少；港口一般与干线港或枢纽港之间有定期的班轮通航。在港口体系内这类港口的数量相对较多。

（4）喂给港。喂给港一般指沿海或内河中小型港口，没有远洋航线和近洋航线挂靠，主要通过沿海或内河运输连接枢纽港，其远距离的货运需要通过临近的枢纽港进行中转，相互间一般不开直达运输，其港口规模较小，大都沿近海岸线或内河岸线布局，辐射内地部分地区。在港口体系内，这类港口的数量较多。

2.1.4　首尾靠港

除了为争夺中转货而激烈竞争的枢纽港外，一般的港口为争夺腹地而激烈竞争。对于这些港口而言，竞争的激烈程度取决于直接腹地和共同腹地之间的对比。如果一个腹地只有一个港口服务，那么该港口的整个腹地是独有的，有着巨大的市场支配力量。相反，如果几个港口共同服务一个腹地，竞争就十分激烈，则称为"港口群"，如长江三角洲港口群。长江三角洲地区拥有共同的经济腹地，所以为了争夺箱源，港口之间竞争十分激烈。

从分散的货主角度看，海运网络的优化并非局限在陆向或海向运输网络的局部改善，而应是整个海陆运输的优化。港口使用者最终目标是为了实现全程广义运输成本最小化，其不仅包括直接的运输成本，同时也包括与运输时间相关的成本、可靠性和其他因素，这些运输时间成本是广义运输成本的重要组成部分（Murphy et al.，1992；De Langen，1999）。

同一个航次的船舶一般要挂靠若干个港口，对于运距相差不大且拥有共同腹地的港群，选择首靠港或尾靠港具有不同的优势和劣势。图 2.6 显示拥有共同腹地的 5 个港口，港口 A 是首靠港，港口 E 是尾靠港。相比较港口 B、C、D，港口 A 或 E 离腹地可能更远，但是使用者关心的不仅是内陆成本，而是整体的运输成本，进口商和出口商可能各自选择港口 A 和港口 E。总体来看，首靠港在吸引进口货物方面具有优势，而尾靠港在出口货物方面具有优势。

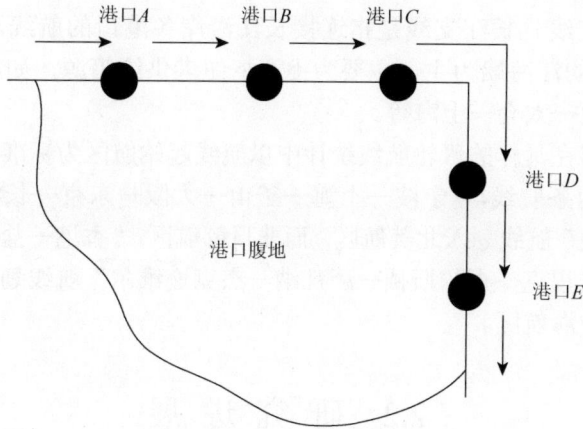

图 2.6　首靠港或尾靠港空间分布

注：港口 A 装卸，第 1 天；港口 B 装卸，第 3 天；港口 C 装卸，第 5 天；港口 D 装卸，第 7 天；港口 E 装卸，第 9 天；港口 A 拥有第一挂靠港的优势，港口 E 则具备最后挂靠港的实惠

2.1.5　班轮航线类型

依据航线覆盖范围本书将航线划分为远洋航线、近洋航线、沿海航线、长江支线四类。

（1）远洋航线。远洋航线指航程距离较远，船舶航行跨越大洋的运输航线，一般以 4300TEU 以上的超巴拿马型集装箱为主，选择挂靠区域枢纽港，一般由马士基、长荣海运、中远集运等规模较大的班轮公司运营，而且为了提高装载量，多采用联盟模式经营。"三大干线"是远洋航线的典型代表，也是衡量港口是否是枢纽港的重要指标。远东、西欧、北美和澳新四个地区货运量大、消费水平高、适箱货源充足是目前世界上主要的集装箱航运地区；北太平洋航线（远东—美加）、北大西洋航线（欧洲—美加）、印度洋航线（远东—欧洲）等连接四大航区的集装箱航线称为"三大干线"。我国习惯上以亚丁港为界，把去往亚丁港以西，包括红海两岸和欧洲，以及南北美洲广大地区的航线划为远洋航线。本书将远洋航线界定为由我国港口（包括港澳台地区）出发，连接欧洲、地中海、北美、南美、中东、非洲等地区的航线。

（2）近洋航线。近洋航线指本国各港口至邻近国家港口间的海上运输航线的统称。我国习惯上把航线在亚丁港以东地区的亚洲和大洋洲的航线称为近洋航线。本书将近洋航线界定为由我国港口（包括港澳台地区）出发，连接日韩、澳新、东南亚、南亚等地区的航线。

（3）沿海航线。沿海航线指我国沿海各港之间的海上运输航线，如上海—广州、青岛—大连、上海—香港等。

（4）长江支线。长江支线是指连接长江沿岸各港口的航线，距离较近，以200～400TEU 的江海船为主，主要为上海枢纽港供给箱源，如武汉—上海、九江—上海、南通—太仓—上海等。

此外，本书在具体的班轮航线统计中以航线起始航区为标准，如 2013 年 6 月日本邮船的两条航线，"宁波—上海—釜山—大阪—东京—长滩—奥克兰—东京—大阪—宁波"航线划入北美航区，而非日韩航区；"香港—盐田—新加坡—阿尔赫西拉斯—诺福克—查尔斯顿—萨凡纳—杰克逊维尔"航线划入北美航区，而非东南亚、地中海航区。

2.2　研　究　进　展

2.2.1　国内外港口地理学研究内容回顾

2.2.1.1　港口评价与效率研究

纵观西方港口地理近百年的研究历史，可以清楚地发现，港口作业效率与评价一直是港口地理学领域研究的主流，此方面早期的文献主要集中于港口分类和比较，20 世纪 50 年代末，Morgan 和 Weigend 在其论著中就开始关注港口的分类和比较问题。Morgan（1952）主张采用进出港口的船舶净统计吨数（net registed tonnage）作为港口比较与分类的主要参数；而 Ullman（1954）和 Weigend（1958）则选择港口吞吐货物的重量作为分类的指标。针对上述两种指标的缺陷，Carter（1962）和 Bird（1963）于 20 世纪 60 年代初提出了改进方法，其中 Carter 构建了包括总吨位（total tonnage）、货类（commodity）、运输类型（type of traffic）、货流平衡（blance of traffic flow）、贸易类型（variety of commerce）和外贸价值（value of foreign commerce）6 种测度指标的体系，他认为这种多重判别系统较单一判别标准更具有综合性和适用性。1966 年 Rimmer 以新西兰诸港为对象，从各港口的海外（oversea）、海岸（coastal）及贸易（gross trade）三方面选择了 16 项指标，计算出各指标之间的相关系数，并得出货物吞吐量是测度港口地位的最优单项指标的结论（Rimmer，1966）。此后，货物（集装箱）吞吐量作为反映港口性能的综合指标一直被学者广泛使用（Fleming，1997）。20 世纪 90 年代，随着生产与消费的全球化、港口关系的重组、物流与供应链的应用，港口在全球运输系统中的作用得到前所未有的提升。在此环境下，港口生产效率受到管理者的广泛关注，西方学者就港口效率测度方法展开了较多的研究（Park and De Langen，2004），其中代表性的学者有 Cullinane、Roll 和 Hayuth、Martinez-Budria、Tongzon 等，先后采用了 DEA、SCF、SPF、TVPF、FDH[①]等方法对英国、西班牙、墨西哥、印度、韩国、欧洲等国家和地区的（集装箱）港口的作业效率进行了实证研究（表 2.3）。此外，从信息组织、船舶经济、物流活动、空箱管理等角度进行港口地理研究也是经济学流派研究内容的重要组成部分（Gilman，1999；Cullinane and Khanna，1999；Choi et al.，2003；Olivo et al.，2005；Lugt and De Langen，2005）。国内关于港口评价与效率的研究起步于 20 世纪 90 年代，研究内容主要集中于对港口条件的评价。例如，吴启焰和李凡（1996）分析了环渤海主要港口的优势条件，并提出重振北方第一港的建议；查志强（1997）在对宁波港、舟山港的港口资源条件进行综合分析的基础上，针对两港口开发过程中存在的问题，提出了关于建设组合港的初步设想；任美锷和杨宝国（1998）根据我国市场经济体制及国际上船舶大型化与海运集装箱化趋势，详细讨论了我国港口发展条件；杨荫凯和韩增林（2000）从岸线类型、岸线规模、岸线等级、利用现状等方面对辽宁省沿海港址资源进行综合评价，并将其划分为黄海北部、辽东半岛南部、辽东湾北部及辽东湾西部 4 个港口地域组合；黄民生（2001）分析了福建、台湾的港口资源特点和港口开发现状，认为海峡两岸资源具有互补性，可通过港口开发，发展近邻和海运优势，促进经济繁荣。

表 2.3 西方港口地理关于港口效率测度研究的主要文献

序号	作者及时间	研究样本	研究时间	研究模型
1	Roll 和 Hayuth（1993）	假设的 20 个港口	1993	DEA
2	Liu（1995）	英国 28 个港口	1983~1990	SCF
3	Martinez-Budria 等（1999）	西班牙 26 个港口	1991~1997	DEA
4	Baños-Pino 等（1999）	西班牙 27 个港口	1985~1997	SCF/DF
5	Coto-Millan 等（2000）	西班牙 27 个港口	1985~1989	SCF
6	Tongzon（2001）	世界 16 个港口	1996	DEA
7	Valantine 和 Gray（2001）	世界 31 个港口	1998	DEA
8	Estache 等（2001）	墨西哥 14 个港口	1996~1999	SPF
9	De 和 Ghosh（2002）	印度 12 个港口	1985~2001	TVPF
10	Cullinane 等（2002a）	世界 15 个港口	1989~1998	SPF
11	Han（2002）	世界 25 个港口	1993~1999	PF
12	Park 和 De（2004）	韩国 11 个港口	1999	DEA
13	Cullinane 等（2005）	世界 58 个港口	2001	DEA/FDH
14	Cullinane 和 Wang（2006）	欧洲 104 个码头	2003	DEA

注：DF 为距离函数；PF 为生产函数；FDH 为无界分析法

① DEA 为数据包络分析法；SCF 为随机成本函数法；SPF 为随机生产函数法；TVPF 为时间变化生产函数；FDH 为无界分析法。

2.2.1.2　港口空间竞争研究

第二次世界大战以后，随着世界经济、贸易的不断发展，在欧美许多国家，港口之间的货源竞争日益激烈。在此背景下，西方学者对港口的研究已不局限于单个港口，而开始从区域和整体的角度对港口之间相互竞争的关系进行分析。20 世纪 50 年代，Mayer（1957）、Thomas（1957）率先探讨了港口之间的陆向腹地竞争，认为铁路的走向和布局对港口之间的竞争和腹地的归属会产生较大的影响。稍后，Patton（1958）在对纽约、费城、巴尔的摩、新奥尔良 4 个美国东海岸港口的研究中，特别重视内陆腹地的交通建设和港口在全球航运链中的地位对腹地的影响。Kenyon（1970）和 Mayer（1978）将竞争视角进一步拓展到劳动力费用、铁路连通性、港口可进入性和用地可得性等因素。进入 80 年代，新的运输工具和运输方式的出现使腹地对港口的意义发生了重大变化，交叉腹地成为港口竞争的关键因素之一（Hoare，1986），各港口为了争夺箱源，在内陆腹地开始建立"无水港"（Roso，2009）。近年来的研究认为，港口之间的竞争更重要的是争夺或吸引船公司，而非货主，集装箱港口表现得尤为显著。之所以如此，是因为任何港口货源的货主都无法改变港口性质和航线走向，而班轮公司对航线和挂靠港口的选择则会对运输网络及某个港口地位产生决定性影响（Cullinane，2004）。Martin 和 Thomas（2001）对英国港口的研究同样验证了港口之间竞争的焦点转移，港口管理当局的作用正在减小，其传统功能逐渐地过渡给私人用户和承运人，港口企业已成为决定港口竞争力的重要因素。国内关于港口竞争与合作的研究发轫于 20 世纪 90 年代，大都从港口经济学的角度出发。例如，我国学者何建云和宁越敏（1999）通过对西欧港口合作经验的研究，得出港口合作的内容；施欣（2001）从博弈角度分析，认为在市场竞争日益激烈的背景下，港口合作是一个非常重要的经营方式；宗蓓华（2004）通过对长江三角洲港口群各港之间竞争合作的研究，认识到港口合作的经济性；茅伯科（2005）提出合作是港口竞争发展的重要方向和必然结果，提出政府、行业协会、企业、房地产价格是港口合作的主要动力。此外，一些学者通过对美国、欧洲、日本等港口群竞争合作模式的研究，将国外成熟的管理模式和运营模式等经验应用于我国港口的竞争与合作之中（陈淼和邵俊岗，2007；张旭和刘伟，2008；王建红，2008；刘天宝和韩增林，2009）。

2.2.1.3　港口体系演化研究

20 世纪 60 年代以来，港口体系空间结构演化及其形成机理一直是港口地理学研究的热点领域,其中最经典的成果是 Taaffe 模型和 Hayuth 模型。通过对加纳、尼日利亚沿海诸港空间相互作用过程的科学实证,Taaffe 发现随着陆向腹地交通网络的不断发育完善,港口体系内货流有逐步趋于集中的现象,而导致这一现象的主要机制是规模经济。据此 Taaffe 归纳出孤立港口、支线贯通、港口袭夺、格状线路、港口集中、交通走廊与门户港口形成六阶段模型(Taaffe et al.,1963)。80 年代初,Hayuth 通过对美国沿海集装箱港口体系的实证分析,也发现了类似 Taaffe 模型所揭示的规律,即随着陆向腹地交通网络的完善,在规模经济等机制的作用下,集装箱港口体系先后要经历准备期、采用期、集中期、枢纽中心期和边缘挑战期五个阶段,在前四个阶段,箱源逐步向某一具有先发优势的港口集中,但在第五阶段,随着规模不经济、岸线资源约束等限制性因素的加剧,箱源开始向枢纽中心港周围条件较好的边缘港口分流,即出现"边缘挑战现象"(Hayuth,1981)。针对这一现象,一些学者以不同区域为实证对象进行了深入研究,Hayuth 模型因而得到不断修正和完善(Hayuth,1988;Slack and Wang,2002;Notteboom,2005;Frémont and Soppé,2007)。近年来,西方学者对上述模型进行了进一步扩展,增加了"港口区域化"(port regionalization)新的演化阶段,强调随着港口、腹地货物中心、集装箱站点、集疏运系统等之间的逐步整合,港口与腹地不断趋于融合(Notteboom,2005;Rodrigue and Notteboom,2009)。国内关于港口体系的研究起源于 20 世纪 90 年代,成果较多,主要集中于港口地域组合的形成机理和优化方面,可以概括为港口体系形成与发展、空间结构动态变化、职能结构的动态演化及优化、集装箱港口体系格局与发展、港口体系形成机理与演化模式等主要内容(郑弘毅和顾朝林,1987;郑弘毅,1991;陈航和刘毅,1990;徐刚,1990;曹有挥,1995;陈航,1996;曹有挥等,2003,2004)。

2.2.1.4 港城关系互动研究

港口在城市中的位置,不仅其自身的空间分布及演化是动态的,而且不同港区的功能及其在城市当中的作用也是不断变化的,1963 年英国学者 Bird 提出的港口通用模型(anyport model)是对港城关系和港口扩张规律的最好总结(图 2.7)。Bird(1963)认为,从一个普通小渔港发展成可以处理多种货物的现代化港口一般要经历六个阶段:第一阶段,渔港初始阶段,渔港所在城市仅是个小城镇;第二阶段,初级扩展阶段,过河桥梁的修建带动码头扩张到河对岸,港口开始有了客货摆渡功能;第三阶段,船运需求加大使船舶变大,原有的顺岸式码头被突堤码头和挖入式港池替代;第四阶段,港口开始向深水方向扩展,同时出现规划的港区和港口专用运输线路,新港区的地理位置开始与城市分离;第五阶段,配备专用铁路的更大规模港区,城市有明显背离港口方向的趋势,港口向深水下游发展时，城市的居民区向河流上游扩展；第六阶段，集装箱、大宗散货等专用码头纷纷建成，港区专门化形成，而接近城市的老港区基本上退出了港口服务。港口通用模型的思想一直影响后来学者的研究，并不断得到补充和完善，Norcliffe（1996）将港城的空间关系划分为共生（symbiosis）阶段、非港口功能区域扩张（rise of non-port places）阶段和港口功能衰退区域扩张（rise of non-place ports）阶段，与此同时在第三阶段出现滨水废弃区（abandoned waterfronts）。在此基础上，Wiegmans 和 Louw（2011）将港城的空间关系延伸至第四阶段，认为第一至第三阶段影响港城关系的主导因素是港口，港口逐渐脱离城市，并在第三阶段出现一个真空（vacuum）区域；在第四阶段主导港城关系的因素转变为城市，由于规模扩张，城市渐渐吞噬港口，冲突（conflict）成为港城关系的主要特征。目前，在发达国家或地区，滨水废弃区内种种社会问题成为学者研究港城关系的新视角（Hilling and Hoyle，1984；Hoyle，1989；Pinder and Slack，2004）。在国内港口地理研究中，这方面的成果比较多见，主要集中于理论探讨、定量分析和实证研究三个方面。在理论探讨方面，许继琴（1997）着重探讨港口对港口城市发展的促进作用，认为港口建设促进港口城市成长和城市中心职能增强，然后通过港口城市的中心带动作用推动区域经济发展；赵鹏军（2005）根据港口及其产业的时空演替理论，以洋山港及其附近区域海岛为例，提出若干基于区域中心港口影响下的海岛型城镇发展战略。在定量分析方面，梁双波等（2007）运用灰色关联分析法，对近 10 年南京港城关联发展效应进行了测度，结果表明，南京港城发展具有明显的阶段性。在实证分析方面，宋炳良等以具体港口为例，分别论述了港口在城市发展中的地位和作用（张素娟和张义文，2000；宋炳良，2001；陈建年和卢晓芬，2002；张耀光等，2006）。

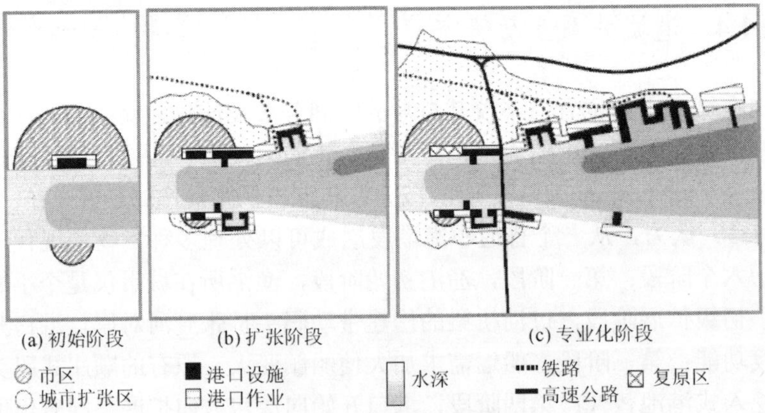

| | (a) 初始阶段 | (b) 扩张阶段 | (c) 专业化阶段 |

◎ 市区　　■ 港口设施　　▨ 水深　　┅┅ 铁路　　⊠ 复原区
○ 城市扩张区　　□ 港口作业　　　　　　── 高速公路

图 2.7　港口通用模型

2.2.1.5 港口组织管理研究

推进港口快速、稳定、良性发展，建设国际（集装箱）枢纽港，吸引国际中转货物，地理位置和自然条件固然重要（Veldman et al.，2005），然而政府的计划、组织、协调作用同样不可忽视。1987年，美国学者Frankel在其著作的《港口规划与发展》中指出政府部门在港口发展中所起的重要作用（Frankel，1987）。此流派研究成果可分为两个分支。一个分支是港口私有化与改革研究，成果相对丰富，代表性的学者有加拿大的Ircha、澳大利亚的Everett和Robinson、希腊的Goulielmos和Psaraftis、英国的Baird及美国的Stough和Burroughs等，在对加拿大、澳大利亚、希腊、美国等发达国家和世界主要（集装箱）港口的私有化（port privatization）、港口改革（port reform）、税费改革（tariff reform）、体制障碍（institutional barriers）等进行实证的基础上一致认为，港口私有化改革是提高港口作业效率，降低港口成本的重要手段和措施（Ircha，1997，2001；Everett and Robinson，1998；Goulielmos，1999；Baird，2002a；Psaraftis，2005a；Stough，2005；Burroughs；2005）。另一个分支是港口政策（port policy）与管理（port governance）研究，激烈的市场竞争迫使（集装箱）港口管理的重点由作业效率转移至港口政策与港口战略方面，试图通过政策跨国融合、港口合作、服务水平提升等途径实现规模与范围经济（Heaver，1995）。在此背景下，一批学者对港口政策与管理展开了研究。例如，Goss（1998）对英国1945年以来的港口政策进行了梳理，认为港口管理与政策的缺陷正在使曾经领先世界的国际贸易慢慢丧失优势；Pettit（2008）认为政府必须改变态度，限制港口无限制增长，通过政策引导，重新塑造英国港口业的辉煌。Pallis（1997）、Psaraftis（2005）则将港口政策研究领域扩展到整个欧洲，指出欧盟国家间港口政策的不统一限制了港口、基础设施、交通运输系统的效率，并得出港口政策均质化是未来欧盟港口政策改革的必然趋势。与此同时，相关学者也对西班牙、美国、澳大利亚及亚洲主要港口的港口管理政策进行了分析（Everett and Robinson，1998；Cullinane and Song，2001；Newman and Walder，2003；Perez-Labajos and Blanco，2004）。此外，一些学者就港口管理评估、港口项目评估及港口营销管理等方面进行了探索性研究，丰富了港口管理的研究内容（Pando et al.，2005；Asteris and Collins，2006；Brooks and Pallis，2008）。国内关于港口组织与管理主要集中于港口体制改革方面。例如，熊玲玲（2004）基于国内外港口民营化现状，研究了港口民营化的动因，并对我国集装箱港口民营化进行了经济分析，指出与实力雄厚的班轮公司和专业的码头运营商等跨国公司战略合作是今后集装箱港口组织与管理的发展趋势；魏泓（2005）详细分析了地主港模式在我国港口应用的必要性和可行性，并提出了具体的建议。此外，一些学者对我国港口体制改革进行了详细、深入的研究，为我国港口管理和港口体制改革奠定了坚实的理论基础（章进华，2000；殷红和茅伯科，2001；陈光敏，1994；郭忠义，2001；陈晨，2003；苏含秋，2004）。

　　总结国内外港口地理学的研究可以发现，学者普遍将研究重点聚焦于港口效率、港口空间竞争、港口体系演化、港城关系、港口组织管理等陆域腹地的交通、产业、码头、城镇等要素，而海向腹地的航运网络、班轮公司、码头运营商的研究相对较少，成果不多。可以预见，未来海向视角、企业视角、物流视角等研究将会成为政府、学者、社会等关注的焦点。本书以海向腹地视角的班轮公司作为研究对象，选取最具代表性的长江三角洲地区作为案例区域，探析班轮公司航运网络的演化对港口体系的影响，以对接国际港口地理学研究前沿。

2.2.2　班轮网络演化及其效应研究进展

2.2.2.1　港口体系发展与演化影响因素研究

　　梳理国内外港口地理文献发现，港口体系发展与演化影响因素的研究大体经历了由港区设施与腹地交通等陆域研究视角向船公司与班轮运输等海域研究视角转变的过程。Taaffe 作为早期港口体系发展与演化研究的代表人物，认为区位、港区基础设施与陆向腹地交通网络是导致枢纽港形成与港口体系职能分异过程的主要因素（Taaffe et al.，1963），其后的学者以不同区域为实证对象进行了一系列深入研究，不断修正和完善了 Taaffe 模型（Hayuth，1981；Slack，1990；Slack and Wang，2002；Notteboom，2005）。但以上诸多研究仅关注影响港口体系发展与演化的腹地交通、作业效率与服务成本等因素，忽视了海向腹地企业要素的影响。进入 21 世纪，以班轮公司、码头运营商、货运代理等主导港口发展方向的企业视角研究开始兴起，弥补了 Taaffe 模型未能体现和重视船公司的不足。班轮公司一方面拓展多式联运网络和建立内陆场站，实现腹地服务整合（Franc and Horst，2010），发展成集承运、班轮公司和码头于一身的多式联运运营商（Slack et al.，1996）；另一方面与同行企业通过船舶共享、服务拓展和风险共担等措施联合，形成航运联盟（Heaver，2002；Olivier，2005；Slack and Fremont，2005；Notteboom and Merckx，2006；Bichou and Bell，2007）。班轮公司及其联盟逐渐成为影响港口体系发展的主导因素（Ridolfi，1999），使港口发展的不确定性增强（Brooks，2000）。与此同时，国内学者也表现出近乎相同的研究视角转移，但起步较晚，成果不多。国内关于集装箱港口体系发展的影响因素研究发轫于 20 世纪 90 年代，学者普遍认为港口及其地域组合的各个发展阶段主要受港口自然条件、服务系统、淡水资源、腹地经济发展与交通网络、依托城市规模与等级等陆向腹地因素，以及运输技术、体制政策环境、社会经济背景等宏观因素的影响（陈航，1996；任美锷和杨宝国，1998；曹有挥，1999b；安筱鹏等，2000；梁双波等，2007）。近年来，以王成金（2008b）为代表的学者开展了对海向腹地的港航企业的研究，并且在航线研究中融入了企业视角。总体来看，从班轮公司等企业视角开展港口地理学研究是21世纪出现的新议题，国外相关研究成果较为丰富，但集中于北美洲、欧洲和大洋洲地区，以中国为代表的亚太地区相关分析较少，亟待选择典型地区开展范例研究。

2.2.2.2　班轮网络挂靠港选择研究

港口作为全球贸易链的重要节点，其性能和效率决定着国家、区域、城市的国际竞争力。然而，随着全球化和区域竞争的加剧，班轮公司逐渐取代港口管理者成为影响港口发展的主导者，港口货量逐渐集中于某个班轮公司或航运联盟便是最好的例证（Tongzon and Sawant，2007）。港口发展的巨变引起了管理者对班轮公司前所未有的重视，强烈的现实需求引起了国内外学者对班轮公司对港口选择（port choice）的影响机理的普遍关注，不同的学者给出了班轮公司选择港口应考虑的因素。Fleming 和 Hayuth（1994）认为港口的地理区位（geographical location）是影响港口吸引班轮公司的核心要素，Baird（1996）认为港口周转时间（turn around time）是最重要的因素；Tabernachle（1995）认为装卸桥作业效率（crane productivity）是影响港口性能的关键因素。2001 年，Fung 利用贸易量（volume of trade）指标分析了新加坡与香港两个港口的班轮航线的差异（Fung，2001）；2007 年，Tongzon 在前人研究的基础上，构建了货物规模（cargo size）、通达水平（connectivity）、效率（efficiency）、基础设施（infrastructure）、区位（location）、港口费用（port charge）和服务范围（wide range of port service）7 个影响班轮公司选择港口靠泊服务的关键指标体系，并以全球 31 个知名班轮公司为样本，对其在东南亚地区港口选择的机理进行分析，结果表明港口效率是影响东南亚地区班轮公司对港口选择最主要的因素，其次是港口费用、区位、基础设施，服务范围和货物规模排在最后两位（Tongzon and Sawant，2007）。与国外较为成熟的研究相比，国内关于集装箱班轮航线挂靠港的研究非常少见，仅有的研究如孙敏（2010）认为港口的自然条件、本港及邻近港口货源情况、港口收费费率水平和港口效率是集装箱班轮航线靠港选择的主要因素；丁明明（2012）在分析班轮公司挂靠港口选择影响因素的基础上，建立挂靠港选择模型，并以北美—远东/新加坡航线挂靠选择为例，以班轮运输成本和港口装卸成本之和最低为目标函数，进行计算，最终得到挂靠方案。总体来看，国内关于集装箱班轮网络靠泊港口选择的研究开展较晚、成果较少、问卷访谈缺乏，仅停留在二手数据的计量模型分析，实践性不足；此外，国外已有的研究区域大都集中于欧洲、北美、地中海及东南亚的主要港口，对中国大陆地区或局部区域班轮公司集聚挂靠服务的历程、格局、机理等问题的研究十分缺乏。

2.2.2.3　班轮网络对港口竞争影响研究

国外关于港口竞争的研究较为活跃，成果丰富，模型方法也相对成熟，如 Aversa 等（2005）的整数线性规划（integer linear programming）、Clark 等（2004）的分对数模型（logit models）、Baird（2002b）的转运成本函数（transshipment cost function）、Flor 和 Defilippi（2003）的博弈论（game theory）等。总体来看，是以内生变量对港口竞争影响的分析为主，外生变量的影响研究较少。20 世纪 90 年代以来，班轮公司作为外生变量逐渐成为影响港口竞争的关键因素，其挂靠港选择及航线挂靠时序安排主要受制于港口箱量规模、腹地箱流模式、港口通达性等因素的影响（Notteboom, 2006）。同时，一些学者认为，目标市场距离（Tiwari et al., 2003）、港口费用（Zan, 1999）、需求响应速度（Lu, 2003）、港口作业效率（Clark et al., 2004）、内陆转运时间（Wong et al., 2008）、经由航线的可得性（Fan et al., 2009）、船期稳定性（Anderson et al., 2009）、商品属性（Luo and Grigalunsa, 2003）、港区设施规模（Ugboma and Ogwude, 2006）等也是影响班轮公司服务网络变化的重要因素。但 Magala 和 Sammons（2008）认为班轮公司航线网络变化并非取决于港口自身，主要受制于港口所在供应链及其提供的物流服务水平。基于前人研究，Yap 和 Notteboom（2011）运用年箱位量（annualized slot capacity）数据，对两个港口集装箱航运服务变化的港口竞争进行了分析，并细分为本地航线形成、转移航线挂靠、联盟航线挂靠、直挂航线挂靠 4 种类型，定量测度了 4 种航线服务变化给港口竞争带来的影响，开创了定量测度航运网络变化对港口体系影响研究的先例。国内关于这个领域的研究较为少见。例如，王成金（2008b）初步分析了世界班轮公司资产重组对我国港口体系的影响，但研究重点集中于班轮公司的联盟路径、运力配置的变化，而对班轮公司的航线分析却十分有限。总体而言，航运网络和港口体系竞争作为港口地理学两个重要角度受到国外学者的持续关注，但在航线网络方面的研究多集中于班轮公司挂靠港选择及其影响因素方面，对于航运网络的航线和运力要素的研究较为少见；此外，将航运网络与港口体系纳入统一分析框架，定量测度航运网络变化对港口体系影响的研究也亟待开展。特别需要指出的是，国内针对这些科学命题的研究十分薄弱。

2.2.2.4　班轮网络设计与优化研究

由挂靠港、航线、船舶组成的班轮运输网络研究发端于 20 世纪 50 年代末，其中最具影响的人物当推 F.L.Weidon。Weidon（1958）以美国美森轮船有限公司为对象，系统地研究了公司特定航线一般货物集装箱化的盈利能力（profitability）和可行性（feasibility），但由于集装箱运输的新生性，作者仅对船舶规模、集装箱尺寸等航运网络的组成要素进行了初步设想。在此基础上，Weidon（1959）将系统运筹学技术运用到班轮集装箱运输分析，提出了基于变化需求的班轮时刻表评估模型，但并未解决自动班轮时刻表（automated schedule）的生成问题。针对这一缺陷，Olson 等（1969）、Boffey 等（1979）设计了由两个部分组成的航运网络决策支持系统，此系统能根据输入的航线和港口自动进行迭代分析，生成收益最佳的货物运输线路和航运时刻表。进入 20 世纪 80 年代，世界集装箱运输开始快速发展，船舶租赁市场开始兴起，租赁船舶对航线网络的影响引起了学者的关注，Rana 和 Vickson（1988，1991）应用非线性整合模型（non-linear mixed integer model）分析班轮公司租用船舶解决超额市场需求的行为效益，针对加入租赁船舶的原有航运网络优化问题，利用拉格朗日松弛算法（lagrange relaxation），可在 3000s内解决 20 个港口的航线网络组织问题，实践性显著增强，但系统对输入的航线和港口数量具有明显的限制。针对这一现象，一批学者从不同角度对航运网络的设计方法进行了一系列深入研究，相关模型得到不断的修正和完善（Fagerholt and Lindstad，2000；Fagerholt，2001，2004；Sigurd et al.，2005；Shintani et al.，2007；Agarwal and Özlem，2008）。与国外相比，国内该领域的研究肇始于 21 世纪初，相关研究成果较少。例如，韩增林和安筱鹏（2001）利用城市中转站发展指数，对东北三省陆域集装箱运输网络进行了探析和优化；2002 年，他将研究范围扩大到全国，在时间和成本等约束下，设计和优化了南昌—鹿特丹、南昌—东京、南昌—新加坡、南昌—长滩等集装箱运输通道（韩增林等，2002）；徐骅等（2008）基于环球集装箱航线枢纽区位的分析，修正和优化了 Ashar 的赤道环球航线。总体来看，与国内研究相比，西方在该领域的研究开展较早，研究也较为深入，基于定量模型的实证研究国内更显不足。

2.2.3　结论与启示

综上分析，随着集装箱运输技术的推广和班轮船舶的巨型化发展，作为全球贸易的重要载体——班轮公司的相关领域研究受到众多学者的普遍关注，班轮网络已经成为国内外港口地理学研究的一个热点领域和新近趋向，但国内外相关研究差异明显。

（1）国外成果较为丰富，但集中于北美、欧洲和澳大利亚地区，以中国为代表的亚太地区相关分析较少，亟待选择典型地区开展范例研究。

（2）港口选择作为影响班轮公司航运网络是否合理和航线是否盈利或盈利多

少的重要因素，国内对此相关研究开展较晚、成果较少，且仅停留在描述层面，理论性不足；此外，相关研究多是从宏观尺度开展，而对局部小区域尺度班轮公司集聚挂靠服务的历程、格局、机理等问题的研究十分缺乏。

（3）国外在班轮网络领域的定量模型研究开展的虽早，但模型一直处在不断完善和拓展深入的过程，模型修正和完善的研究任重道远。而在国内，对集装箱运输网络的研究主要集中于陆域部分的局部地区，且研究成果有限，从海域视角的班轮公司开展航运网络的设计与优化研究尚未涉及，是一个相对较新的领域。

鉴于此，班轮公司作为影响港口体系变化的主导因素，其班轮网络的空间演化及其内在机理的研究无疑具有明显的学术和实践意义。

3 集装箱班轮网络形成演化机理

本章在梳理经济全球化、船舶大型化及港口管理体制改革等集装箱班轮形成演化背景的基础上,从港口、货主、班轮公司、政府四个主体分析集装箱班轮网络演化的内在机理。最后,归纳演绎集装箱班轮网络形成演化模式,并分析其演化效应。

3.1 集装箱班轮网络形成演化背景

3.1.1 经济全球化

经济全球化萌芽于 16~18 世纪,工业革命以后,资本主义商品经济和现代工业、交通运输业迅速发展,世界市场加速扩大,世界贸易开始快速发展。进入 20 世纪 90 年代,随着科学技术、跨国公司、各国经济体制的不断发展与变革,区域间、国家间贸易壁垒逐渐消除,经济全球化发展推动以跨国公司为载体的贸易自由化向纵深方向发展,全球采购、全球生产和全球销售推动了海运需求的快速上升,国际货物流动达到空前规模,集装箱班轮运输进入历史最佳发展时期。发展至今,为了融入世界经济,加入世界贸易组织,各国航运市场普遍开放,市场竞争机制使集装箱班轮运输成长为世界经济发展和国际贸易的重要支撑和载体。有关数据显示,全球经济每增长 1.0%,国际海运量将上升 1.6%。从一定意义上说,世界经济发展与贸易自由化程度决定了国际航运业的兴衰。但与此同时,作为世界经济贸易发展的"晴雨表",集装箱运输业面临着激烈的竞争,突出表现在两个方面:一是在国际航运市场进入成熟时期,竞争力较弱的班轮公司逐步被淘汰或从事支线喂给业务,航线、运力逐渐集中于马士基、地中海航运、达飞海运、中远集运等大型班轮公司;二是促进了国际班轮公司服务水平的不断提高,以满足现代货主、货运代理等对班轮公司服务的"多样化、复杂化、严格化"的需求,从"港-港"的服务模式延伸至"门-门"完整的、系统的物流服务。

3.1.2 船舶大型化

20 世纪 80 年代以来,以新材料、新制造和新能源为标志的科技革命深刻改变了全球工业经济和高端制造业分布格局,对汽车、轨道交通、航空和船舶四大交通运输领域带来革命性变化,同时使集装箱船舶大型化成为可能。1988年,世界第 1 艘超巴拿马型集装箱船(4340TEU)下水试航。之后,在规模经济驱动下,设计水平和造船工艺不断提高,集装箱船舶装载能力不断突破6000TEU、8000TEU、10000TEU,船舶大型化趋势日益明显。据全球知名航运咨询网站 Alpaliner 统计,截至 2013 年 8 月,全球集装箱船队运力已达到 1679.72 万TEU,同比上涨 5%;新增船舶基本都是 8000TEU 以上的超大型集装箱船,占到新增运力 90%以上。在远东—北美、远东—欧洲、北美—欧洲三大干线上,4000TEU 船、3000~4000TEU 船和 3000TEU 以下灵便船的比例约为 69:6:25,其中 7500~18000TEU 的集装箱班轮达到 519 艘,占全球运力的 31.37%,超巴拿马型船已成为集装箱干线运输的绝对主力(图 3.1)。集装箱船舶大型化的同时,对班轮公司和全球集装箱港口产生了深远影响,一些货源充足、自然条件优越、政策开放的港口脱颖而出,近远洋航线开始集聚;而周边小港因无法接卸大型船舶,成为喂给港。运输领域的革命性变化推动了枢纽港和支线港的分异,枢纽港间形成班轮干线(如洲际航线、环球航线),用大型船舶连接;而枢纽港与支线港间及支线港之间形成班轮支线(如沿海航线、长江支线),用中小型船舶连接。

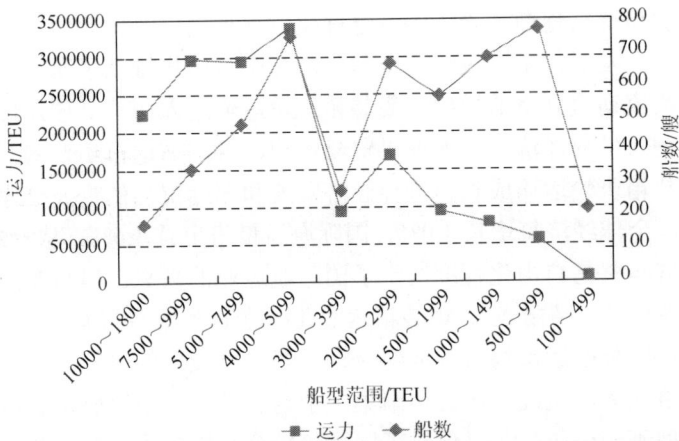

图 3.1 2013 年 5 月世界集装箱船队分布

资料来源:中国港口年鉴编辑部(2013)

3.1.3 港口管理体制改革

改革开放 30 多年来,国内港口管理体制发生了深刻变化,港口发展不断注入新的活力。20世纪80年代初，中央政府航运主管部门对港口管理体制改革，先从沿海港口、长江干线港航政和港政分家开始。80年代中期通过试点，先后对沿海14个和长江23个中央政府直管的港务机构，除秦皇岛港外，全部分批实行"地方政府和中央政府双重领导，以地方政府为主"的行政管理体制，港务机构产权、港口基建项目审批和投资安排仍属中央政府计划管理。20世纪90年代中期至21世纪初，中央直属和双重领导港口相继放权，由地方政府管理，并实行政企分开。港务机构产权和债权、债务也一并划转地方政府，港口基建项目按投资规模分级审批，投资转入所在地方政府年度计划，港口发展纳入所在城市经济社会发展规划。2004年我国第一部"港口法"实施，确立了中央宏观调控、地方政府进行具体管理、政企分开的港口管理体制，港口建设投融资实现多元化。总体来看，港口体制改革先后经历了中央直属管理、以中央为主的双重管理到完全由地方管理的转变，港口管理权力的下放和"财随市走"的财政政策极大地调动了地方政府建设和管理港口的积极性，在全国沿海和主要内河沿岸港口城市和区域普遍掀起了"以港兴市""港航强省""航运中心"的建设热潮，港口间关系由早期中央集中管理的独立关系转为地方分散管理的激烈竞争关系。我国港口管理体制变革深刻影响着近十几年来沿海、沿江港口体系的职能结构及其班轮网络结构的变化。

3.2 集装箱班轮网络形成演化机理

集装箱班轮航线形成初期，港口的区位、设施、航道水深等起到关键作用，基础条件较好的港口率先发展集装箱班轮运输。随着港口间竞争的加剧，货主作为影响港口吞吐量和班轮公司盈利水平最重要的因素，成为左右集装箱班轮航线是否挂靠服务和服务频率的主导因素，港口间的箱源竞争日趋激烈。进入21世纪，班轮公司及其联盟成为主导港口体系发展和港口集装箱班轮网络变化的新因素（Ridolfi, 1999）。发展至今，随着全球贸易自由化的深入和远洋运输柔性化的提升，港口不断嵌入越来越全球化的生产与流通过程之中，港口、货主、班轮公司等传统相互独立的运输环节不断融合。因此，集装箱班轮运输的优化不能仅局限在陆向或海向运输网络的局部改善，而应是整个海陆运输的优化，从货主、港口、班轮公司及政府等航运物流链中各节点整合的角度分析集装箱班轮网络的演化。

总体来看，集装箱班轮网络演化受到港口、货主、班轮公司、政府等多个运行主体的影响，是四者长期相互作用的产物。政府通过投资、政策、规划等措施影响港口发展速度、货主空间布局和班轮公司靠港选择；港口通过降低作业费用，提高装卸效率和揽货能力，满足班轮公司挂靠服务的最低货物门槛，吸引班轮航线挂靠；班轮公司通过挂靠港选择，提高港口航线网络通达水平和发船频率，影响集装箱班轮网络；货主综合考虑港口的作业成本及港口船期选择出货港。与此同时，港口、班轮公司、货主通过解决就业、提供税收吸引中央和地方政府的新一轮规划和投资（图 3.2）。港口、货主、班轮公司、政府等海运物流链的主要环节之间相互作用，影响着集装箱班轮网络演化的速度、方向与强度，但在集装箱班轮网络不同的发展阶段，各因素作用强度不同。

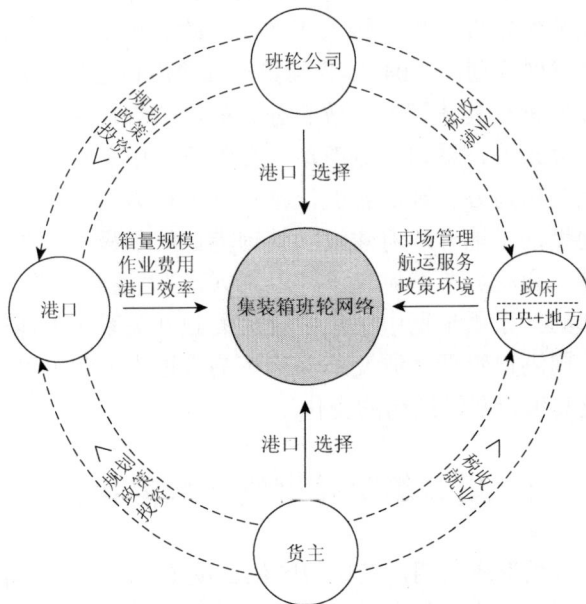

图 3.2　集装箱班轮网络形成演化机理

3.2.1　港口在集装箱班轮网络形成演化中的作用

港口作为集装箱班轮网络中的节点，其自然条件、箱量规模、作业费用、基础设施、港口效率等是影响集装箱班轮网络变化最直接的因素。港口所处地理位置、气候条件、航道水深、岸线长度等直接影响班轮公司班轮航线的布局与船型的配置。一般而言，自然条件在港口发展和集装箱班轮航行形成的初期具有决定性作用。港口集装箱吞吐量的规模是班轮公司布局、增设班轮航线重点考虑的重要因素之一，只有港口潜在或已有集装箱达到一定规模，班轮公司才会选择港口开辟航线，并结合港口自然条件配置相应船舶。作业费包括装卸费、堆存费、引水费、系解缆费、港务费、码头费、拖轮费等，是货主和班轮公司选择港口的另一个重要因素。在其他条件相同的情况下，作业费的高低决定着港口的揽货能力和挂靠班轮航线的规模。港口设施与效率决定了船舶停靠和货物中转的时间，船舶的大型化使港口基础设施及效率日显重要，成为班轮公司布局班轮航线重点考虑的因素（图 3.3）。

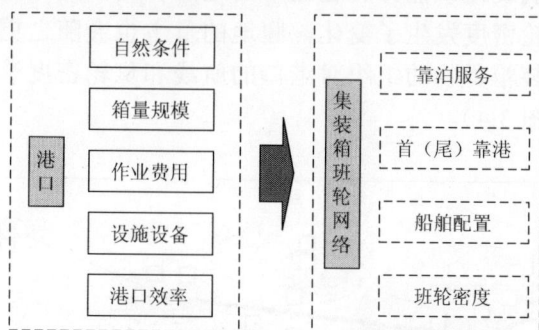

图 3.3 港口在集装箱班轮演化中的作用

3.2.2 货主在集装箱班轮网络形成演化中的作用

货主并非直接对集装箱班轮网络演化产生作用，而是通过出口港选择，改变港口货物规模，进而影响班轮公司集装箱班轮航线的挂靠港选择。货主的空间分布和货物组织具有以下特点。

（1）空间分布零散。按国际贸易分类的货物品目来划分，运输中所有的货物可归纳为近百种品目，最适合集装箱化的货物有 50 多种，占总数的 50%，如针织品、光学仪器、酒、医药品、各种小型电器、电视机等。总体来看，与煤炭、钢铁、粮食、铁矿石等集中分布的大宗散货不同，适箱货对运输质量、运输时间要求较高，单位产品的价值较高，承受运价的能力较强，且分布零散，但又相对集中于交通干道沿线和各类经济开发区内（图 3.4）。

（2）多批次小批量。作为箱源点的生产企业具有"大分散、小集聚"的特点，货主每次采购或销售的原材料、零部件、产品等规模较小，同时为了满足生产环节的连续性，腹地的生产商需要不断的采购或销售产品，进而形成了复杂的货物流动网络。为了实现运输利润最大化，一般先由分散的箱源点集中至最近的货运枢纽，然后再由规模较大的运输工具通过运输走廊输送至港口，或是相反的货物流向（图 3.4）。

（3）船期敏感度高。集装箱船的运营与普通货运船舶有着明显的区别，船舶的运营成本较高，在港口挂靠停泊一次的费用往往高达数万美元，因此船舶在每条航线上尽量减少挂靠次数，一个港口群内一般仅选择性挂靠一两个港口。正因如此，任何集装箱货源的货主都无法改变班轮公司的航线走向，而班轮公司对航线和挂靠港的选择则会对港口辐射范围、港口功能、地位等产生决定性影响，货主出口商品时考虑的首要因素并非港口的仓储、装卸等费用，而是港口的航线组织能力和通往目的地的班轮密度。换言之，如果一个港口的航线和班轮密度发生了变化，腹地的货主也会随之更换港口，选择新的出海门户，集装箱货物的组织对港口的航线和班轮密度等船期要素的变化反应较为敏感（图 3.4）。

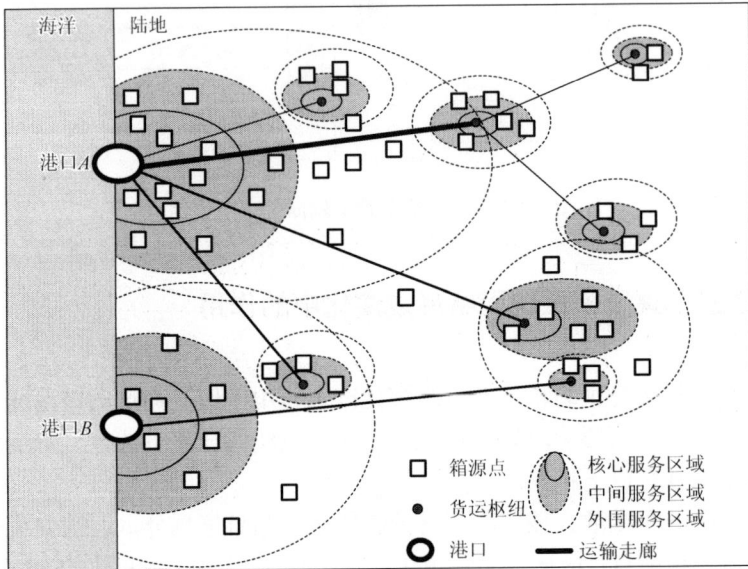

图 3.4　集装箱货物分布与组织

　　混合腹地（又称交叉腹地）的存在是引发港口竞争的根源，混合腹地的货源对相关各港口的生存与发展有着很大的利害关系（Hoare，1986；陈航，1996），箱源竞争因此成为港口发展的重点。上述分析表明，箱源点（货主）呈现分布零散、多批次小批量、对港口船期变化反应敏感等特点，对港口选择受到多种因素的影响，如港口地理区位、发船频率、在港成本、腹地距离、运输成本与时间、管理水平、设施设备等（表 3.1）。一般情况下，货主会选择发船频率、在港成本、设施设备、运输成本与时间、服务水平等具有优势的港口。对于那些箱源地与任何一个港口之间的距离相距不远的货物而言，港口的发船频率、在港成本则成为吸引和留住这类货主的关键。货主对进出货物港口的选择通过提升港口货物规模而进一步影响班轮公司班轮航线的空间布局与转移。

表 3.1　货主选择港口的影响因素

序号	影响因素	具体说明
1	地理区位	港口的自然条件及距国际航线的远近等
2	发船频率	港口挂靠的班轮公司规模，班轮航线与班轮密度如何
3	在港成本	港口装卸费、堆存费等在港发生成本
4	腹地距离	港口距离货物所在地的陆上距离
5	陆上成本	陆上运输成本
6	陆上时间	陆上运输时间
7	停留时间-1	车、船在港的生产性停泊时间，如港口设备、装卸时间
8	停留时间-2	车、船在港的非生产性停泊时间，如港口是否拥堵
9	海路运费	从所选港口到目的港口的海路运费
10	特殊设施	港口的特殊设施如何，如运输鲜活或冷藏货物的设施
11	辅助工作	货物运输的辅助性工作是否通畅，如报关效率是否快捷、申请装卸货物的手续是否简单、信息服务水平高低等
12	服务时间	港口服务时间（8h/12h/24h 服务）
13	管理水平	港口管理与服务水平，如对客户需求的响应速度、货损的处理方式、收费的规范等
14	港口信誉	港口信誉，如是否存在野蛮装卸、是否存在乱收费、货损货差赔付情况等
15	设施设备	港口泊位能力、装卸设施、装箱效率、集装箱堆场面积等
16	代理费	不同港口货物代理费的差异
17	出货记录	是否有在该港口走货的记录

3.2.3　班轮公司在集装箱班轮网络形成演化中的作用

　　班轮公司作为集装箱班轮航线的经营者与管理者，通过挂靠港的布局、增撤、转移等改变集装箱班轮网络，主导集装箱班轮网络演化的历程与格局。前述研究表明，班轮公司班轮航线挂靠港的选择研究受到国内外学者的普遍关注，众多学者从不同因素分析了班轮航线挂靠港选择的内在机理，如地理区位、周转时间、装卸效率、贸易量、货物规模、基础设施、港口费用等。这里结合已有研究成果和实际的调研访谈，认为集装箱班轮港口挂靠港选择受到区位条件、箱量规模、停靠时间、辅助效率、港口费用等 15 个因素的影响（表 3.2）。班轮公司在进行港口选择时，一般要求挂靠港靠近目标航线的基本航行路径，港口箱量必须达到一定规模，装卸、堆存等费用与周边港口具有一定的比较优势，基础设施和效率满足装卸要求，港口管理规范，对客户需求能快速作出反应等。

表 3.2　班轮公司挂靠港选择的影响因素

序号	影响因素	具体说明
1	区位条件	港口区位条件，如地理位置、风浪条件、航道水深、离三大干线的距离等
2	箱量规模	港口集装箱吞吐量
3	停靠时间-1	船舶在港的生产性停泊时间，如港口设备规模、装卸时间
4	停靠时间-2	船舶在港的非生产性停泊时间，如候潮进港、锚地等待、引船效率等
5	辅助效率	港口辅助系统效率，如报关效率是否快捷、申请装卸货物的手续是否简单等
6	集疏运效率	港口集疏运系统效率，如腹地陆路、水路等运输是否通畅
7	港口费用	港口装卸费、引航费、堆存费等在港发生成本
8	配套产业	银行、保险、物流等航运产业发展水平
9	管理水平	港口管理与服务水平，如收费是否规范，对客户需求的响应速度等
10	服务时间	港口服务时间（8h/12h/24h 服务）
11	特殊设施	港口的特殊设施如何，如运鲜活或冷藏货物的设施
12	价格政策	港口油/水价格、引航费等可能影响班轮公司运价政策的费用
13	政策环境	政策环境，如税收减免、装卸费优惠、集装箱补贴等政策
14	港口信誉	港口的信誉，如是否存在野蛮装卸、收费项目是否繁多、货损货差赔付情况等
15	设施设备	港口的泊位能力、泊位数、装卸桥数、集卡数、轮胎吊数、空箱堆高机数、集装箱堆场面积等

3.2.4　政府在集装箱班轮网络形成演化中的作用

在我国及一些港口公有制国家，港口投资的多数来自中央政府和地方政府，且以中央政府为主，因而各港口为了自身发展需要，与本国周边港口之间展开争夺国家投资的竞争，在我国情况更为突出（闫博，2008）。中央、地方等各级政府通过港区、航道、腹地路网等规划与投资及箱贴、税收、运价等政策影响港口发展速度和货主选港选择，进而作用于班轮公司挂港选择、港序安排、运力配置、班轮密度等集装箱班轮网络要素（图 3.5）。一般情况下，中央和地方政府依据港口的区位、自然条件、战略位置等决定是否投资，编制港口、航道、港区、腹地交通等各类规划，支持少数港口重点发展，获得优先发展的港口之间开始发育集装箱班轮运输。同时，在地方政府箱贴、过路费、过桥费、装卸费、堆存费等减免政策的刺激下，腹地货物进一步集聚发展，港口货物吞吐量进入良性发展轨道，集装箱班轮运输相伴快速发展。此外，在中央、地方政府航运市场不断开放、服务水平不断提高、港口吞吐量不断提升及航线、运价、税收等优惠政策的吸引下，班轮公司不断集聚，港口的班轮航线和发船频率获得进一步发展，对货主的吸引力进一步增强，港口吞吐量获得进一步发展，发展的港口吸引中央和地方政府新一轮投资。总体来看，港口→政府→货主→班轮公司→港口→政府→货主→班轮公司→……循环累计作用推动了集装箱班轮网络的发育、发展、完善和成熟。

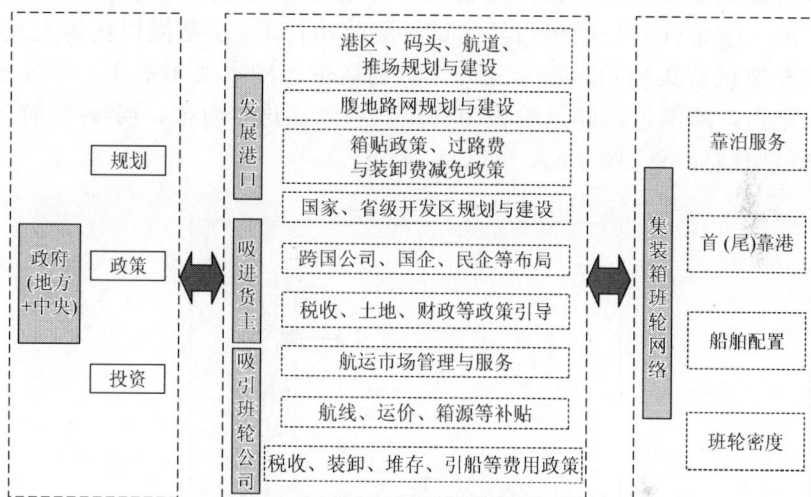

图 3.5 政府在集装箱班轮网络演化中的作用

3.3 集装箱班轮网络形成演化模式

集装箱班轮网络演化涉及港口体系内外部众多因素的影响。本书主要从区位、基础设施、作业效率等内部因素及腹地集疏运体系、港口后勤区、宏观经济环境等外部因素的综合视角，结合航线类型的变化归纳演绎集装箱班轮网络基本演化过程及模式。综合来看，集装箱班轮网络形成演化可划分为五个阶段。

3.3.1 散货（班轮）航线形成阶段

该阶段经历了漫长的历史时期。历尽原始、游牧、农业社会等长期的历史积淀后，滨水地区逐步由手工工场阶段转入工业化阶段，纺织、钢铁、造船、石化等行业生产规模得到扩大，带动了木材、棉花、生铁、矿石等原材料的运输需求。在此背景下，一些腹地产业发展较快、交通便捷的港口得到优先发展，规模逐渐扩大，而一些码头由于缺少运输需求和政府投资而逐渐萎缩，甚至消亡，港口开始出现等级分异。大运量产业的快速发展催生了货主长期、稳定、大规模的运输需求，为了满足这种需求，规模较大的港口间开始产生定期的船舶运输，散货班轮航线开始出现。与此同时，在运输市场开始出现专门从事水陆运输的班轮公司，并在港口腹地内开始出现集装卸、搬运、仓储的内陆货运站点。随着航运技术的发展，在班轮公司、货主、港口、政府降低运输成本、提高运输效率、缩短运输时间的利益驱动下，在内河和沿海一些条件较好的港口开始试行集装箱技术，少数港口获得先发优势，港口间开始试营集装箱运输。此外，货物运输范围主要集中在一个区域或一个国家之内，跨国近远洋运输极为鲜见。总之在这个阶段，河-海港航运网络的特征可归结如下（图3.6）。

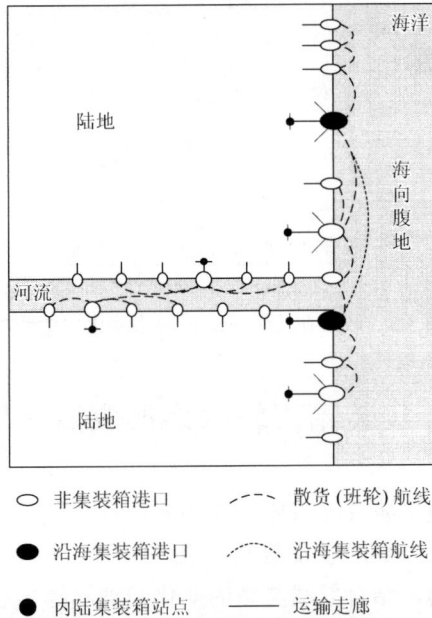

图3.6 散货（班轮）航线形成阶段

（1）内河、沿海港口开始出现等级分异，大港口之间开始发展散货班轮运输。但航线基本以直达运输为主，挂靠港口较少，网络结构简单。

（2）集装箱运输开始发端，但仅停留在试运营阶段，运输时间不定、运输频率较低，且集中于沿海规模较大的港口之间。

（3）由于对外贸易尚未发展，此阶段航线类型主要是内河航线和沿海航线，近远洋航线尚未发育，内河航线网络与沿海航线网络之间尚未对接，相对独立。

（4）船舶配置开始出现分异、小港口与大港口之间货运运输主要由小船舶完成，较大的港口之间由于运输量大而配置较大的船舶；在船舶密度方面，大港口之间明显高于其他港口之间。

3.3.2 集装箱班轮航线发育阶段

随着工业化进程的推进，沿河（海）地区进入工业化中期之后，其经济发展表现出强烈的经济增长（陆大道，1988；Hayuth，1988）。以钢铁、化工、机械、电力等为主的大运量、大耗能工业得到飞速发展，金属和非金属矿石、煤炭、钢铁、矿建等大宗散货运输量急剧增加，运距也进一步加大，少数港口开始发展跨区域、出国门的远洋运输。由于散货运输需求的急剧增加，其班轮运输网络也发展迅速，同时散货船在吨位、航速、运力等方面也得到相应提升，航线挂靠的港口的数量和频率增加明显。随着腹地运输网络的扩展，港口与较远地区的运输联系更加便利，河（海）港腹地开始交叉重叠，少数枢纽港在初始优势、规模经济、政府投资机制的作用下，获得了更大的中转腹地，规模得到进一步提升；同时为了提升服务水平，内陆货运站点功能进一步衍生，与港区码头之间的联系通道进一步提升。另外，随着集装箱技术的进一步推广，港口运输的集装箱化趋势不断强化，但受腹地产业结构、集装箱码头建设费用、信息化水平等因素的影响，适箱货的种类和规模较少，集装箱运输的发展和推广受到一定的限制，集装箱班轮航线仅限于少数拥有集装箱码头的港口之间。此外，班轮公司、货运代理等企业也开始在港口或内陆货运站点集聚，航运服务水平得到进一步提升。总之在这个阶段，河-海港航运网络的特征可归结如下（图3.7）。

（1）班轮航运网络开始形成并逐步完善，近远洋航线开始出现并发展，但主要集中于散货运输。

（2）由于时间、成本、效率等优势，集装箱技术在沿河（海）港口得到快速推广，但受适箱货规模、码头装卸设施、集装箱运输技术等因素影响，集装箱班轮运输发展较慢，航线类型、规模、班轮密度等方面也较为落后。

（3）总体来看，无论是散货还是集装箱航线在空间上均集中于枢纽港，表现出显著的集中态势，但航线数量和班轮密度均较低。

（4）港口间竞争进一步加剧，腹地袭夺现象加剧，枢纽港边缘的诸港发展或相对缓慢或有所衰退，港口之间的等级分异进一步加剧。

（5）内河航线与沿海航线、近远洋航线之间仍相对独立，港口之间的喂给、中转运输量较少。

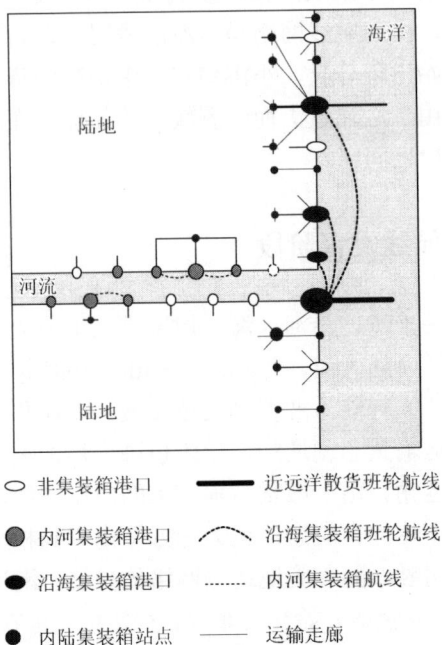

图 3.7　集装箱班轮航线发育阶段

3.3.3　集装箱班轮网络形成阶段

　　进入工业化中后期以后，随着沿河（海）地区产业结构不断升级，区域经济的增长从主要依赖初级原料的加工转向深度加工，原有钢铁、化工、电力等大宗散货在总运量中的比例开始下降，以电子产品、针织品、医药品、家电等高加工产品为主体的适箱货比例快速上升。在巨大需求的拉动下，沿河（海）港口争先投资建设集装箱码头，拉动了班轮公司、码头运营商、物流公司、货运代理、无船承运人等进一步集聚于港口及其后勤区域，并在沿海枢纽港口增开远洋航线，联系世界的主要贸易区（如远东、美加、欧地①、日韩等），同时加大近远洋航线班轮密度，提升枢纽港的联系强度。同时由于枢纽港的各类航线数量、联系港口规模、班轮密度等方面与其他港口相比具有较大的竞争优势，边缘港口腹地的货主也通过较为完善的腹地交通网络将货物转向枢纽港出口，港口货运量进一步增加，进而吸引全球知名班轮公司进一步集聚，航线和班轮密度进一步增加，港口的通达性提高，进一步吸引距离较远的货主，如此类推，枢纽港得到较快发展。

----

① 欧地，欧洲与地中海地区。

与此同时，内河集装箱也得到迅速发展，腹地对外贸易的需求逐渐增加，通过内河支线喂给沿海集装箱港口，从区位、成本、运距、时间等因素考虑，河流入海口的港口获得更多的喂给。多种因素的叠加，享有内河入海口区位的港口发展成为整个港口体系的首位港，集聚了远洋航线、近洋航线、沿海航线和内河支线，且班轮密度明显高于其他边缘港口，承担着区域对外交流的主要功能。但此时的内河航线主要是港口与港口之间的直达运输，航线网络比较简单。总之在这个阶段，河-海港航运网络的特征可归结如下（图3.8）。

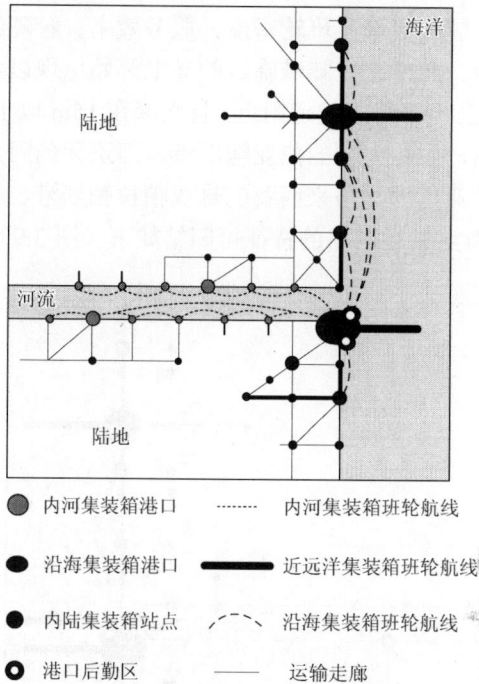

图 3.8　集装箱班轮网络初形阶段

（1）沿河（海）形成集装箱枢纽港，腹地货物一方面通过与其他同类港口的定期班轮运输实现贸易，另一方面通过支线喂给，经枢纽港中转至国外。

（2）在集装箱航线普遍发展的基础上，继续表现出向枢纽港集中的态势，枢纽港集聚了远洋航线、近洋航线、沿海航线和内河支线等不同类型航线。

（3）近远洋航线在此阶段获得飞速发展，主要集中于沿海的枢纽港。

（4）内河集装箱班轮航线在获得快速发展的同时，对接沿海港口的近远洋航线，作为支线网络扩展了枢纽港的腹地范围。

（5）在枢纽港的后方作业区形成了以流通加工、包装、仓储等物流基本职能为主的港口后勤区，班轮公司、码头公司、船代、货运代理等企业集聚于此。

3.3.4　集装箱班轮网络完善阶段

进入工业化后期，枢纽港因岸线资源、泊位水深、服务费用等因素的制约，发展速度放缓。同时受到国际远洋船舶大型化的影响，在枢纽港边缘的一些水深条件较好的港口开始发展，一些班轮公司开始移出原有的枢纽港，进驻边缘港口开展近远洋运输，班轮航线开始出现分散趋势。从货主的角度来看，由于道路拥堵、装卸堆存费增加等，进出货物港口选择也开始表现出一定的转移倾向。但此时的边缘港口的班轮航线数量、班轮密度、服务效率、管理经验等方面与枢纽港之间还存在较大差距。此外，在陆域临近的岛上开始出现以水水中转为目的的大型深水港，一般位于三大干线主航道附近，且水深在15m以上，能满足10000TEU以上运力船舶的靠泊，如意大利的焦亚陶罗港、西班牙的阿尔赫西拉斯港、撒丁岛（意大利）的卡利亚里港、马来西亚的丹戎帕拉帕斯港、中国的洋山港等。总之在这个阶段，河-海港航运网络的特征可归结如下（图3.9）。

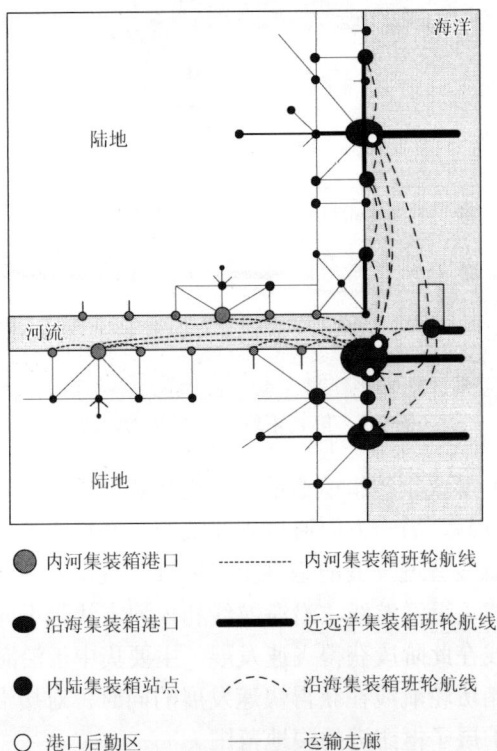

图3.9　集装箱班轮网络完善阶段

（1）空间结构上表现出两个显著特征，一是受船舶大型化、规模经济等机制影响，在主要航道且水深条件优越的岛上出现离岸枢纽（offshore hub）；二是边缘水深条件优越的港口表现出明显的增长潜力，吸引班轮公司及其航线由枢纽港转出，同时货主对港口的选择也表现出新倾向。

（2）总体来看，班轮航线网络表现出空间分散的趋势，其中近远洋航线是扩散的主体，沿海航线次之，而内河航线仍主要集聚于河流入海口的枢纽港。

（3）内河航线结构发现明显变化，由分散的港口对航线转向轴-辐航线转变，内河港口货物先通过小船周转至内河枢纽港，集聚后再由内河枢纽港通过运力更大的船舶喂给至离岸枢纽港或沿海枢纽港，中转至远洋巨轮，即内河航线与沿海航线、近远洋航线之间建立起喂给、中转的网络关系。

（4）港口后勤区的数量、规模、职能得到进一步扩展，班轮公司、码头公司、船代、货运代理等企业进一步集聚；同时，港口之间及港口与内陆主要集装箱站点之间形成以快速交通线为主干的物流通道。

3.3.5 集装箱班轮网络成熟阶段

进入后工业化和服务经济时代，随着边缘港口基础设施、作业效率、服务水平等的提高，同时在船舶大型化（8000～18000TEU 集装箱船无法或限制驶入原枢纽港，如外高桥港区）推动下，离岸枢纽港、边缘港等成为国际班轮巨头重点投资和发展的地区（如洋山港、宁波港等），原来集聚在枢纽港的近远洋航线开始转移至离岸枢纽港或边缘港，较高的港口通达度和班轮密度吸引更多的腹地货主。因腹地和箱量规模的快速扩张，原先边缘港主要依靠喂给支线与枢纽港联系，逐渐转向与国际远洋干线联系，彼此之间的货物不存在周转、拼箱等问题，内河支线也相应转移至离岸枢纽港。离岸枢纽和边缘枢纽港逐渐发展成为国际集装箱运输的中转枢纽和全球物流中心，而原来的枢纽港则转型发展航运金融、保险、咨询、交易、船舶注册与管理、海事仲裁、海损理算等产业，通过"无形的手"控制着世界（区域）航运市场，区域港口体系内形成以金融、保险等高附加值为主的航运中心和以货物中转运输为主的物流中心并存的空间结构。总之在这个阶段，河-海港航运网络的特征可归结如下（图 3.10）。

（1）近远洋航线、沿海航线等继续由枢纽港向边缘枢纽港或离岸枢纽港转移，原来的枢纽港转向以发展航运金融、保险、咨询等为主体的高端航运服务业。

（2）离岸中心、边缘枢纽港成为区域对外交流的重要门户，集聚着经营各类航线的班轮公司，在班轮密度、航线覆盖率方面逐渐超越原来的枢纽港，形成新的全球货运物流中心。

（3）内河班轮网络在进一步完善的基础上，枢纽港航线主要连接的港口也由

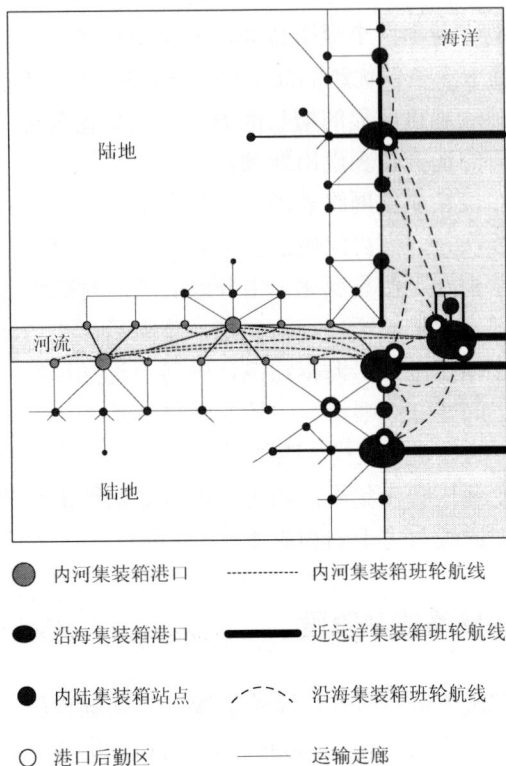

图 3.10　集装箱班轮网络成熟阶段

原先的枢纽港转向离岸枢纽或边缘枢纽港；同时，在内河枢纽港腹地也开始出现不同等级的港口后勤区，提升服务水平。

　　（4）整个港口体系的职能分工趋于合理，航线网络结构、模式、规模等日渐成熟、稳定。

3.4　集装箱班轮网络演化的空间效应

3.4.1　宏观效应

　　集装箱班轮网络演化宏观效应主要体现在对港口地位、规模、职能等方面的影响。集装箱班轮网络的组织充分考虑港口技术特征、航行时间和箱量规模等各种因素，以形成最佳的航行路线和挂港网络。鉴于这种需求，班轮公司开始减少集装箱班轮航线挂靠港口的数量，促使港口形成枢纽港、干线港、喂给港的分异。少数港口因集聚班轮航线和班轮密度发展为枢纽港，而多数港口的地位下降，沦为支线港或喂给港。从班轮航线类型、发船频率高低、靠泊船舶大小来看，远洋班轮航线集聚且班轮密度较高的港口发展为枢纽港,处于港口体系的最高等级,以 6000TEU 以上的大型班轮靠泊为主,承担对外交流的门户职能;近洋或沿海班轮航线集聚,并拥有一定远洋班轮航线,班轮密度较高的港口发展为干线港,以 4300～5400TEU 的超巴拿马型船舶靠泊为主;沿海班轮航线或内河班轮支线集聚,同时存在少量近洋航线的港口转型为支线港,以轻便型和亚巴拿马型船靠泊为主;无远洋班轮航线和近洋班轮航线挂靠,通过沿海班轮航线或内河班轮支线连接枢纽港或干线港的港口降为喂给港,承担集聚箱源的职能,处于港口体系的最低等级,以 1500TEU 以下支线船靠泊为主。总体来看,集装箱班轮网络的发展变化促使了集装箱港口等级体系的形成、职能结构的分异和港口地位的变化。

3.4.2 微观效应

集装箱班轮网络演化微观效应主要体现在对港区和码头设施两个方面的影响。随着集装箱班轮巨型化的发展,对港区码头水深、航道条件提出了更高的要求,15m 的航道水深成为当今枢纽港必备的航运基础,早期的集装箱码头已无法满足第七代、第八代集装箱船舶的作业条件,多数枢纽港将集装箱码头外移。例如,世界第一大港鹿特丹港从 20 世纪 80 年代建设的新马斯集装箱码头转移到 30km 外的 Delta 地区;不来梅港沿阿勒尔河在离市区 40km 处建设现在最为重要的不来梅外港集装箱作业区;温哥华港在郊外的 Roberts Bank 地区新建三角洲集装箱码头等。此外,船舶大型化对码头设施的配置及其效率提出了更高的要求,其中装卸桥的变化最为显著。据英国《国际集装箱化》调查,20 世纪 90 年代以来,集装箱装卸桥外伸距增大的趋势非常明显(表 3.3)。外伸距大于 44m 的装卸桥在 2005 年、2006 年、2007 年分别占总产量的 66.6%、59.4% 和 67.7%,而且外伸距大于 48m 的所占比例增长更快。目前,世界集装箱装卸桥主要分布在东亚地区,以中国的长江三角洲地区为代表;其次分布在欧洲,以汉堡、不来梅、鹿特丹、泽布吕赫、勒阿弗尔等为代表;其余分布在北美地区,以长滩、纽约、西雅图、奥克兰等为代表。总体来看,集装箱班轮网络演化对港区码头设施产生了显著的影响。

表 3.3 集装箱装卸桥的种类

装卸桥等级	类别	巴拿马型			超巴拿马型	
	代级	第一代	第二代	第三代	第四代	第五代
额定起重量/t		25	30.5	30.5～40.5	40.5～50	50～60
外伸距/m		28	32～35	35～40	40～50	50～63
轨距/m		10	16～30	22～33.5	30.5～35	30.5～35
装卸效率/(TEU/h)		20～30			40～60	

3.5 小　　结

本章在分析集装箱班轮网络形成演化背景的基础上，从不同角度分析了集装箱班轮网络形成演化的内在机理，归纳演绎了集装箱班轮网络的演化模式和效应。

（1）集装箱班轮网络是港口、货主、班轮公司、政府四个运行主体相互影响、相互作用的综合产物，并通过班轮航线、班轮密度等对港口腹地经济发展产生具体影响。在不同的演化阶段，各种推动力的强度、方式等各不相同。

（2）综合考虑港口体系航线、船期、船舶及腹地经济等因素，集装箱班轮网络演化过程可划分为散货（班轮）航线形成、集装箱班轮航线发育、集装箱班轮网络形成、集装箱班轮网络完善和集装箱班轮网络成熟五个阶段，每个阶段发展均表现出明显的系统特征。

（3）集装箱班轮网络的发展变化在宏观和微观两个尺度对港口体系、港区码头、设施设备等产生了深刻影响。

4 长江三角洲集装箱班轮网络时空演化

运力、航线、港口作为集装箱班轮运输网络的主要组成要素，其时间和空间演化是解析航运网络演化的重要内容，本章在回顾长江三角洲集装箱班轮运输发展历程的基础上，分别从班轮航线、班轮密度、港口通达性和港口空间联系四个角度分析和反演了长江三角洲集装箱班轮网络的演化路径和空间格局。

4.1 集装箱班轮运输发展历程

长江三角洲集装箱班轮运输从酝酿到成为班轮集装箱运输最为发达地区之一的历程可分为准备、萌芽、发展、勃兴和整合五个阶段。

4.1.1 准备期：1949～1978 年

港口集装箱班轮运输准备阶段的主要特征是集装箱运输技术试验与集装箱码头的初步建设。我国集装箱运输技术的发展始于中华人民共和国成立后的铁路集装箱技术试验。20 世纪 50 年代中期，集装箱运输从陆上推广到海上。长江三角洲港口群作为我国重要的港口体系之一，70 年代初开始水路集装箱运输试验，代表性事件是 1972 年上海港开展了至大连港的集装箱试验运输，随后向南通港延伸，这是最早的国内集装箱运输。此后，集装箱海上运输试验的范围和规模不断扩大与发展。例如，1973 年 9 月，中日两国共同开辟上海港与横滨港、大阪港、神户港等港口间的 5t、10ft 小型集装箱捎带试运业务，上海港成为内地最早进行国际集装箱装卸的港口；1974 年上海远洋运输公司"风雷"号利用外国杂货班轮开展 20ft 国际标准集装箱的捎带试运，抵达美国、加拿大等北美港口。1973 年至 1975 年 2 月，上海港共完成了 89 航次、2499TEU 货物的运输试验。但该时期的集装箱技术试验仅停留在国内标准，而国际标准的集装箱技术试验则始于 70 年代中期。1977 年上海港从日本进口了叉车和拖挂车，形成了最初的国际集装箱装卸能力，长江三角洲港口集装箱化正式启动；1978 年中国—日本和中国—澳大利亚国际集装箱班轮航线由上海港开辟，采用杂货班轮捎带国际集装箱。总体来看，1949～1978 年，长江三角洲地区处于集装箱技术试验阶段，主要集中于上海港、南通港等港口，在对原有件杂货码头进行技术升级的基础上，初步尝试集装箱码头建设，推动力源于美国等西方发达国家集装箱化迅猛发展的势头。遗憾的是此时期长江三角洲沿海港口除上海港外，其他港口尚处空白，主要原因是长江口以北属淤泥质海岸，港口建设自然条件较差，在江苏沿海港口仅有连云港；另外此时为计划经济时期，海外贸易较少，浙北海港发展缓慢，宁波港、舟山港、乍浦港、嘉兴港等港口集装箱运输尚未起步（王成金和 Ducruet，2011）。综上所述，20 世纪 50 年代至 70 年代中期，我国尚处于国外集装箱技术的引进和学习阶段。长江三角洲地区仅有少数港口进行集装箱技术的试验，集装箱装卸主要依赖于传统件杂泊位，集装箱专用泊位、设施、船舶极少，集装箱吞吐量尚未形成规模，国内航线初步构建，国际集装箱航线几乎为零。此阶段的集装箱运输技术的试验及集装箱码头泊位、港区设施等尝试性探索为后期集装箱运输的飞速发展奠定了基础。

4.1.2　萌芽期：1978～1985 年

港口集装箱班轮运输萌芽期的主要特征是上海港、宁波港等长江三角洲主要港口的集装箱码头建设及集装箱班轮运输的萌芽。20 世纪 70 年代末开始，长江三角洲港口完成了集装箱技术的试验，进入集装箱运输的轨道。改革开放促进了长江三角洲外向型经济的发展，适箱货物在外贸产品结构中的比例日趋上升，为长江三角洲集装箱港口体系的发展提供了充足箱源。与此同时，稳定的货源流动也为集装箱班轮运输的开展提供了前提。此外，为解决"文化大革命"期间遗留下的港口集装箱运输能力不足、船舶压港、压货、压车情况严重等问题，周恩来总理提出"三年改变港口面貌"的口号，掀起了沿海及长江集装箱港口建设的热潮，长江三角洲集装箱港区、码头设施等开始筹建。1981 年 12 月天津新港集装箱专用码头正式交付使用，标志着我国港口基础设施集装箱化进程正式开始。1978年 9 月，中远集运开辟上海港至澳大利亚悉尼港、墨尔本港的集装箱班轮运输航线，结束了中国没有海运集装箱运输航线的历史，同时也标志着长江三角洲地区国际集装箱班轮运输的正式开始。1980 年由上海港出发的中美航线开辟，同时陆续开辟了中日、中欧、中西非等全集装箱船航线。1983 年开辟了大连—上海—南通的集装箱江海联运航线，上海港吞吐量已达 8 万 TEU。1978～1983 年，长江三角洲地区仅有上海港进行持续的国际集装箱运输，上海港的成功吸引了其他港口陆续采用国际集装箱技术进行港口改造。1983 年张家港港开始接卸国外和港澳台地区的集装箱，并开辟了长江—香港航线，成为内地第一个从事国外和港澳台地区的集装箱装卸业务的内河港口；1984 年宁波港、南京港、南通港等港口接卸国外和港澳台地区的货箱，其中宁波港 1984 年 8 月 6 日在镇海煤码头开始了通往香港的第一次出口集装箱作业（10TEU）；同年上海—武汉长江集装箱航线运营；1987年12月28日，浙江远洋公司在宁波港镇海港区开始了每月两班到日本神户的集装箱班轮，首次出运64TEU。总体来看，20世纪70年代末至80年代中期，由于改革开放不久、远洋运输需求低下、集装箱泊位不足、现代化装卸设施缺乏，集装箱运输尚处于初步发展阶段，而集装箱班轮运输，尤其是与北美、欧洲、日韩等世界主要贸易区的班轮运输仍处于萌芽阶段，航线数量、班轮密度均较为稀少。

4.1.3 发展期：1985～1996年

港口集装箱班轮运输发展期的主要特征是长江三角洲航运市场的初步开放、集装箱码头技术的推广和集装箱班轮运输的普遍开展。为了促进航运事业的繁荣发展，自1985年，我国政府对航运业采取了逐步开放的政策：1985年首次正式规定，允许外资通过合资的形式进入中国从事海上运输；1988年起取消了"国货国运"政策；1990年，向外国船公司开放国际班轮运输；1992年，外国籍船舶在我国港口服务和使用港口设施方面开始与国内船舶享受同等待遇，即允许外国船公司在华设立独资子公司，允许外国船公司独资或合资经营国际运输辅助服务，包括装卸、仓储、集装箱站、堆场、船舶代理；与此同时，允许适度发展中外合资经营水路运输企业，从事我国境内沿海和内河运输；1993年，《中华人民共和国海商法》开始实施，以法律的形式保证了开放措施的有效性；1995年，中外合资船队准许沿海航运；1996年起允许外国船公司在中国设立独资船务公司。在我国航运市场开放范围不断扩大、程度不断加深的背景下，长江三角洲地区的集装箱班轮运输步入发展轨道。1988年宁波港和海门港开始开展国际集装箱运输；1990年镇江港、舟山港、芜湖港等港口开展集装箱运输；1993年，重庆民生轮船（我国最大的、历史最悠久的长江支线班轮运输企业）率先开辟了重庆—上海的集装箱班轮运输；1994年江阴港、1995年高港港、1996年扬州港、1997年乍浦港、1998年常熟港等先后开展国际集装箱运输；常州港、太仓港、马鞍山港等港口紧随其后开展集装箱运输。截至1995年底，长江三角洲已拥有上海港、南通港、张家港港、江阴港、高港港、镇江港、南京港、宁波港8个主要集装箱港口（表4.1）。

表4.1 1995年长江三角洲主要集装箱港口

港口	集装箱港口状况			腹地范围	集疏运条件	依托城镇	建港条件
	泊位	吞吐量/万TEU	集装箱主要流向				
上海港	集装箱专用	197.10	日本（31.6%），香港（27.0%），欧美（30%左右）	上海市域及长江三角洲	公-铁-水-空	全国最大工业城市	优

续表

港口	集装箱港口状况			腹地范围	集疏运条件	依托城镇	建港条件
	泊位	吞吐量/万 TEU	集装箱主要流向				
南京港	集装箱专用	13.50	香港（45.3%），长江内河（23.4%），日本（15.9%），上海（12.4%）	南京市域及扬州部分地区	公-铁-水-空	特大城市	良
镇江港	集装箱钢杂	1.320	香港（47.9%），上海（23.7%），长江内河（21.6%）	镇江市域及扬州部分地区	公-铁-水	中等城市	良
南通港	多用途集装箱	9.30	日本（30.0%），香港（27.3%），上海（23.7%），长江内河（13.5%）	南通市域及盐城部分地区	公-水	中等城市	良
张家港港	集装箱专用	11.80	香港（41.4%），日本（31.0%），长江内河（11.3%），上海（10.7%）	苏锡常大部地区	公-水	小城市	良
江阴港	多用途	0.47	香港（79.4%），上海（20.6%）	苏锡常西部地区	公-水	小城市	良
高港港	件杂	0.09	上海（37.6%），近洋（32.4%）	扬州大部地区	公-水	小城镇	良
宁波港	集装箱专用	20.20	欧美（12.4%），近洋（80%左右），内支线（10%左右）	杭嘉湖甬地区	公-铁-水-空	大城市	特优

资料来源：曹有挥（2001）

　　与此同时，国家为了克服在计划经济时期政府包办港口的投资和建设的弊端，解决港口吞吐能力严重不足的问题，1984 年起开始进行港口体制改革，实行港口建设和经营投资多元化。例如，1987 年，南京港成立中外合资的集装箱码头企业，标志着我国港口投资主体多元化正式起步；1993 年，交通部颁布《关于深化改革、扩大开放、加快交通发展的若干意见》，提出鼓励中外合资建设并经营公用码头泊位。但此时中外合资先进的集装箱码头主要集中在上海港，其他港口发展缓慢。总体来看，此时期在航运市场开放的推动下和国内经济稳步发展的刺激下，长江三角洲集装箱码头建设和班轮运输都得到一定发展，上海港、宁波港、南京港、镇江港、扬州港、张家港港、江阴港、太仓港、常熟港、泰州港、舟山港、嘉兴港等港口普遍开展集装箱班轮运输。但由于扶持政策的倾斜和码头装卸设施的不均衡，20 世纪 80 年代末至 90 年代中期的集装箱航线和吞吐量高度集中于上海港（表 4.2）。

表4.2 1995～1998年上海港集装箱班轮航线、航班统计

年份	1995	1996	1997	1998
每月航班/（班/月）	—	436	493	681
其中：远洋航线/（班/月）	—	80	78	91
*近洋航线/（班/月）	—	168	168	301
长江支线/（班/月）	—	165	182	211
沿海支线/（班/月）	—	33	65	78
集装箱吞吐量/万TEU	152.65	197.14	252.73	306.50
其中：远洋航线/万TEU	—	—	77.98	252.69
近洋航线/万TEU	—	—	131.82	—
至其他港口/万TEU	—	26.82	42.93	53.94

*近洋航线包括香港、台湾等航线；
资料来源：常思（1999）

4.1.4 勃兴期：1996～2008年

港口集装箱班轮运输勃兴期的主要特征是长江三角洲航运市场的深入开放、集装箱深水码头建设及集装箱班轮运输空前繁荣。1996年党中央、国务院正式作出把上海港建成国际航运中心的战略部署，以此为标志，长江三角洲集装箱班轮运输进入崭新的发展阶段。在政策环境方面，1996年我国航运市场进一步开放，交通部允许国外船公司在其航线直挂的港口城市成立中国公司。国外船公司在中国的公司可以自己揽货，与客户签合同，缮制有关单证，签发母公司的提单，为母公司收取运费，极大地促进了国外船公司在中国地区的发展。在码头建设方面，20世纪90年代末期至21世纪初，以和记黄埔、新加坡港务集团、中远码头、中海码头等为代表的国内外主要码头运营商开始在中国的集装箱码头网络扩展（表4.3），作为我国经济最活跃、货源最充足的长江三角洲地区成为国内外船公司重点投资和经营的地区。与此同时，上海港为了掌握对长江沿岸货源的控制权，集聚箱源，投资、兼并、控股长江沿岸主要港口，如保证西南箱源而参股重庆港40%，为吸引中部箱源而参股武汉港55%，全资建设九江港，同时参股南京龙潭港25%，并与芜湖港合作，构筑五大箱源基地。截至2008年底，沿海主要港口中，大连港、秦皇岛港、天津港、青岛港、上海港、宁波港、福州港、厦门港、汕头港、深圳港、广州港、珠海港等港口，长江沿岸的南京港、张家港港、常熟港、太仓港等港口均有合资甚至独资经营的集装箱码头，主要港口的合资率占集装箱泊位总数和泊位吞吐能力的64.21%和72.23%，合资码头完成的吞吐量占中国吞吐总量的2/3。在经济发展方面，"九五"以来，尤其是"十五"期间，我国经济保持了快速增长的良好势头，经济增长

内生力量日益增强。经济的快速增长带来了对能源和交通的旺盛需求，给长江干线水运生产带来了充足的货源和新一轮发展机遇。在沿江地区经济快速增长的带动下，长江航运呈现繁荣景象，下游长江三角洲地区经济发展势头良好，对长江航运的需求旺盛，大量适箱货物的产生促使马士基、地中海航运、达飞海运、赫伯罗特、长荣海运、总统轮船、东方海外、阳明海运、现代商船等全球知名班轮公司均调整全球主干航线和优化支线覆盖网络，构建长江三角洲直挂班轮网络和长江支线集装箱班轮网络。

表 4.3　国内主要码头运营商在中国集装箱码头网络扩张统计

码头运营商	投资港口及年份
中远码头	青岛港（1995/2000）、太仓港（1998）、上海港（2003）、宁波港（2003）、营口港（2004）、天津港（2005）、南京港（2005）、泉州港（2006）、广州港（2006）
中海码头	深圳港（1999）、上海港（2000）、锦州港（2001）、烟台港（2003）、广州港（2003）、天津港（2005）、营口港（2007）、大连港（2007）、秦皇岛港（2007）、连云港港（2007）
和记黄埔	珠海港（1992）、深圳港（1993）、上海港（1993/2003/2005）、厦门港（1997）、宁波港（2001）
招商局集团	漳州港（2000）、深圳港（1989）、宁波港（2003）、天津港（2005）

资料来源：根据《中国港口年鉴 2011》整理得到；
注：由于资料获取原因香港地区未列入统计范畴

4.1.5　整合期：金融危机以来

港口集装箱班轮运输整合期的主要特征是金融危机、运力过剩、燃油价格上升、干线运价下滑等促使长江三角洲港口集装箱班轮运输进入竞合、优化期，班轮公司联盟经营成为主体。受大环境的影响，长江三角洲班轮网络结构受到较大冲击。调研访谈获悉，目前长江三角洲地区的运力总体处于过剩状态，10000TEU 以上的远洋干线班轮的装载率较 2008 年之前相比普遍下降，班轮公司普遍通过接运、舱位租用、舱位互租、共同派船、战略联盟、兼并或收购等开展国际集装箱班轮业务，其中战略联盟是后危机时代班轮公司度过"严冬"、降低成本的主要措施。例如，2011 年，伟大联盟与新世纪联盟宣布成立 G6 联盟（总统轮船、商船三井、赫伯罗特、日本邮船、东方海外和现代商船），以抗衡长期领先航运界的 CKYH 联盟（中远集运、川崎汽船、阳明海运、韩进海运和德国胜利航运）；2013 年 6 月，马士基与地中海航运、达飞海运 3 家全球排名前 3 名的班轮公司共同宣布组建 P3 超级联盟，整合三家巨头东西航线上 255 艘集装箱船于一家网络运营中心。P3 的运力规模和合作模式震惊了整个航运界，排名前 20 名的其他集装箱班轮公司倍感压力，独立运营的班轮公司或将率先出局；2014 年 3 月 CKYH 联盟为了增强联盟实力，吸收了长荣海运后变为 CKYHE，目标直指 G6、P3。

航运联盟发展与实施对长江三角洲地区上海港、宁波港等国际枢纽港的班轮航线数量和班轮密度的规模与增幅均有较大影响，致使港口集装箱业务主要集中于某个或某几个大型班轮公司或联盟。例如，2013 年，宁波港近 50%的集装箱吞吐量由马士基、中远集运、中海航运、地中海航运、长荣海运、达飞海运 6 家班轮公司完成，箱量的高度集中给港口班轮公司的进一步集聚和发展增加了阻力（表 4.4）。总体来看，整合资源、航线互用、运力共享、降低成本等成为班轮公司当前主要的任务和目标。

表 4.4 2013 年宁波港主要班轮公司集装箱完成量

班轮公司	集装箱吞吐量/万 TEU	占比/%	占比之和/%	同比增长/%
马士基	176.0	10.49		8.00
中远集运	149.2	8.90		9.52
中海航运	137.2	8.18	48.23	−2.00
地中海航运	130.5	7.78		11.53
长荣海运	121.0	7.22		15.22
达飞海运	95.0	5.66		4.42
宁波港所有班轮公司	1677	100	100	7.00

资料来源：宁波港调研访谈

总体来看，长江三角洲集装箱班轮运输分别经历了准备期、萌芽期、发展期、勃兴期和整合期，其中 20 世纪 90 年代末以来集装箱班轮运输步入真正发展期，标志性事件是 1996 年党中央、国务院正式提出建设上海国际航运中心的战略部署及我国航运市场进一步开放。自此以后，长江三角洲地区集装箱航线数量、班轮规模、船期密度等获得较快发展。故以 1996 年作为本书研究期限的起点，并选取 1996 年、2002 年、2007 年、2013 年四个时间断面进行重点分析和解译。

4.2 集装箱班轮航线时空演化

4.2.1 全国视角下长江三角洲集装箱班轮航线演化

从航线的角度考量长江三角洲集装箱港口在我国港口体系中的地位区别于以往基于箱量的研究，从某种程度上来说，箱量仅是港口航线变化呈现的结果，而航线则是港口箱量变化的根本原因，新时期背景下从航线角度分析集装箱港口体系的变化更具说服力。2013 年 6 月我国主要集装箱港口的班轮航线如图 4.1 所示。

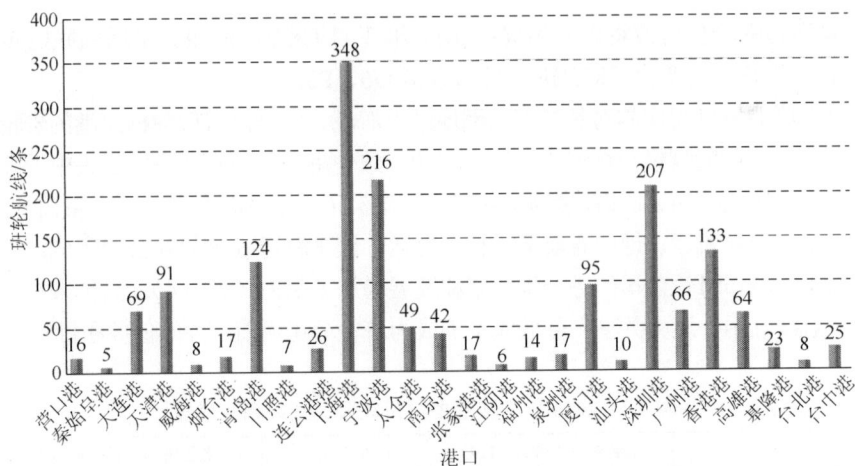

图 4.1　2013 年 6 月我国主要集装箱港口班轮航线统计

注：图中数据仅包括远洋航线、近洋航线和沿海航线，长江支线除外

　　从总体上看，2013 年集装箱班轮航线主要集中于大连港、天津港（新港）、青岛港、上海港、宁波港、厦门港、深圳港、广州港、香港港、高雄港 10 个港口，班轮航线均在 60 条以上，占我国 26 个主要港口班轮航线总数的 82.97%，其中三大干线、远洋航线和近洋航线更为集中，十大港口的航线数量分别占到班轮航线总数的 97.14%、98.02% 和 87.24%，表明大连港、天津港、青岛港、上海港、宁波港、厦门港、深圳港、广州港、香港港、高雄港 10 个沿海主要港口是我国对外联系的主要窗口和门户，分别布局在环渤海经济区（大连、天津、青岛）、长三角经济区（上海、宁波）、东南沿海经济区（厦门）、珠三角经济区（香港、深圳、广州）和台湾经济区（高雄），承担着各经济区对外贸易的枢纽职能。

　　从港口群来看，长江三角洲港口群的上海港、宁波港、太仓港、南京港、张家港港、江阴港等港口集装箱班轮航线总数占到全国的 41.41%，高于珠三角港口群（24.47%）、环渤海港口群（19.65%）、东南沿海港口群（7.41%）和台湾港口群（7.06%），其三大干线、远洋航线和近洋航线的占比（39.31%、40.82%、47.08%）也明显高于珠三角港口群（34.42%、34.74%、19.71%）、环渤海港口群（13.44%、12.42%、24.08%）、东南沿海港口群（7.94%、7.39%、6.02%）。在沿海班轮航线规模方面，长江三角洲集装箱港口的占比为 34.42%，远高于珠江三角洲（11.31%）和其他港口群。总体来看，发展至今，长江三角洲港口群在班轮航线总规模和各类航线规模方面均位居前列，在全国航运网络中位居首位。从单个港口来看，上海港、宁波港在各类航线方面均具有突出优势，班轮航线总数分别为 348 条和 216条，明显高于其他港口，上海港在三大干线（106 条）、远洋航线（165 条）、近洋航线（152 条）和沿海航线（31 条）中始终位处于最高等级。宁波港在班轮航线方面的突出地位是中国沿海集装箱港口格局变化的一个显著特征，其在三大干线、远洋航线、近洋航线方面均位居全国前三，排在上海港、深圳港之后，成为长江三角洲地区和我国对外联系的国际枢纽门户。

遴选出上述 10 个主要的集装箱港口，考察集装箱班轮航线的时空演化（表 4.5），可进一步探析长江三角洲集装箱港口在全国港口集装箱班轮网络中地位变化与职能转移路径。

表 4.5　1996～2013 年我国主要集装箱港口班轮航线演化　　　（单位：条）

班轮航线	年份	大连港	天津港	青岛港	上海港	宁波港	厦门港	深圳港	广州港	香港港	高雄港
三大干线	1996	12	20	19	26	3	2	5	0	25	1
	2002	17	32	40	72	35	22	49	2	52	2
	2007	23	27	34	110	80	38	130	9	83	21
	2013	15	20	31	106	80	39	100	13	56	17
远洋航线	1996	16	28	27	47	4	2	6	0	48	1
	2002	35	50	62	132	53	29	74	3	92	7
	2007	28	42	56	183	134	57	195	11	140	24
	2013	21	28	45	165	137	55	161	26	76	28
近洋航线	1996	16	20	26	36	10	3	3	2	18	0
	2002	33	32	35	90	24	10	15	5	39	4
	2007	44	51	68	129	53	33	31	9	68	11
	2013	28	32	55	152	57	27	42	10	52	13
沿海航线	1996	4	5	5	19	3	5	1	4	50	1
	2002	16	15	9	20	12	5	7	5	46	9
	2007	23	24	18	30	14	6	8	18	8	18
	2013	20	31	24	31	22	13	4	30	5	23

（1）在各类航线普遍快速发展的基础上，宁波港和深圳港成为发展最快的港口。20 世纪 90 年代以来，在国内经济快速发展和对外贸易飞速扩张的背景下，无论是国内不同经济区之间贸易往来的沿海班轮航线，还是对外贸易的国际班轮航线都获得了快速发展，但在发展速度方面差异明显，宁波港和深圳港成为班轮航线发展最快的港口，尤其在远洋航线方面，1996 年两港口的远洋航线数量仅为 4 条、6 条，位于香港港、上海港、天津港、青岛港、大连港之后，而发展至 2013 年，两港口的远洋航线数量发展至 137 条、161 条，超过香港港，仅排在上海港之后（表 4.5）。

（2）班轮网络中心由珠江三角洲地区转向长江三角洲地区，上海港的物流地位开始超越香港港。1996～2013 年，沿海集装箱港口体系的重心发生了较大变化，表现出随国家经济中心北移，而移至长江三角洲地区的转移路径。改革开放至 20

世纪 80 年代，香港港因优越的港口设施、高效的装卸效率、低廉的作业费用、完善的服务设施而成为内陆地区货物进出口的主要门户，远洋航线、近洋航线、沿海航线等班轮航线高度集中，以香港港为龙头的珠江三角洲港口群成为我国沿海对外交流的国际枢纽门户。经过近 10 年的发展，以上海港为代表的长江三角洲港口群发展迅速，各类集装箱班轮航线数量由 90 年代中期与香港港持平，发展至超越香港港，2013 年上海港三大干线、远洋航线、近洋航线分别为 106 条、165 条、152 条，而香港港仅为 56 条、76 条、52 条。上海港成为远洋航线、近洋航线、沿海航线等集装箱班轮航线挂靠最多的港口，世界航运网络地位和物流运输功能开始超越香港港。

（3）区域班轮网络由单中心发展为双中心，上海港-宁波港、香港港-深圳港双核结构形成。20 世纪 90 年代，三大干线、远洋航线集中分布于上海港、香港港两港口，是我国与欧洲、美加地区贸易的主要门户，承担着长三角经济区、珠三角经济区对外贸易枢纽的重要职能，而宁波港、深圳港、广州港枢纽地位尚未显现，各区呈现单中心的空间结构；1996～2013 年，在上海港、香港港的岸线、水深、环境等因素的制约下，边缘的宁波港、深圳港获得飞速发展，各类集装箱班轮航线与上海港、香港港的差距日益缩小，上海港-宁波港、香港港-深圳港等双中心班轮运输网络结构形成。与此同时，北方的大连港、天津港、青岛港等港口的门户地位下降的较为明显，且由于三个港口的腹地（东北、华北、山东半岛）相对独立，严格地说仍属于单中心网络结构。

上述内容仅从班轮航线角度分析我国 10 个主要港口的变化，未能结合世界主要航区来进一步探析主要港口对外联系格局的时空变化，下面将航线与航区结合，探析我国沿海 10 个枢纽港口对外航运联系的空间差异（表 4.6）。

表 4.6　1996～2013 年我国主要港口不同航区集装箱班轮航线演化（单位：条）

年份	港口	北美	欧洲	地中海	中东	非洲	南美	日韩	澳新	东南亚	南亚	合计
	大连港	5	7	3	1	0	0	9	2	5	0	32
	天津港	9	11	4	4	0	0	15	1	4	0	48
	青岛港	7	12	5	2	0	1	19	1	6	0	53
	上海港	9	17	4	3	7	7	19	5	12	0	83
	宁波港	3	0	0	0	0	0	6	2	2	0	14
1996	厦门港	1	1	0	0	0	0	3	0	0	0	5
	深圳港	4	0	1	0	0	0	0	0	0	0	6
	广州港	0	0	0	0	0	0	2	0	0	0	2
	香港港	12	13	5	3	6	9	2	5	9	2	66
	高雄港	0	0	0	0	0	0	0	0	0	0	1
	合计	50	63	22	14	13	17	75	16	38	2	310

续表

年份	港口	北美	欧洲	地中海	中东	非洲	南美	日韩	澳新	东南亚	南亚	合计
2002	大连港	8	9	7	4	3	4	23	4	5	1	68
	天津港	14	18	7	4	3	4	21	4	6	1	82
	青岛港	15	25	8	4	5	5	21	7	6	1	97
	上海港	43	29	20	8	18	14	52	22	12	4	222
	宁波港	19	16	4	7	4	3	9	7	7	1	77
	厦门港	11	11	1	1	3	2	3	1	6	0	39
	深圳港	27	22	11	5	5	4	0	7	7	1	89
	广州港	1	1	0	0	0	1	1	2	1	1	8
	香港港	27	25	13	3	12	12	3	14	19	3	131
	高雄港	2	0	2	0	2	1	0	3	1	0	11
	合计	167	156	73	36	55	50	133	71	70	13	824
2007	大连港	13	10	1	2	2	0	36	1	5	2	72
	天津港	14	13	6	4	3	2	36	1	9	5	93
	青岛港	20	14	11	3	3	3	42	6	16	6	124
	上海港	68	42	33	16	7	17	79	18	23	9	312
	宁波港	40	40	23	15	5	11	25	12	9	7	187
	厦门港	20	18	10	2	2	5	17	9	7	0	90
	深圳港	79	51	25	16	8	16	11	9	6	5	226
	广州港	4	5	1	1	0	0	1	3	5	0	20
	香港港	58	25	24	13	7	13	18	19	24	7	208
	高雄港	14	7	1	2	0	0	2	6	2	1	35
	合计	330	225	135	76	37	67	265	84	106	42	1367
2013	大连港	5	10	5	1	0	0	15	7	6	0	49
	天津港	5	15	5	2	0	1	16	9	7	0	60
	青岛港	14	17	12	1	0	1	31	11	11	2	100
	上海港	50	56	36	15	4	4	71	35	39	7	317
	宁波港	36	44	36	14	3	4	22	19	11	5	194
	厦门港	19	20	9	3	2	2	12	5	10	0	82
	深圳港	44	56	37	14	5	5	8	16	14	4	203
	广州港	5	8	6	3	4	0	2	5	2	1	36
	香港港	32	24	10	6	1	3	7	13	31	1	128
	高雄港	9	8	6	3	1	1	2	8	2	1	41
	合计	219	258	162	62	20	21	186	128	133	21	1210

（1）欧洲、北美、日韩航区一直是我国集装箱港口班轮航线链接的重点区域。梳理表 4.6 数据可以清晰发现，1996～2013 年欧洲、北美、日韩航区与我国港口联系的集装箱班轮航线一直高于澳新、地中海、中东等其他 7 个航区。但欧洲、北美、日韩三航区的航运位次却发生了显著变化，首位航区呈现出日韩→北美→欧洲的转移路径。1996 年十大港口对外联系的前三位航区为日韩、欧洲、北美，日韩航区是 20 世纪 90 年代我国海运联系最为密切的地区；2002 年位次变化为北美、欧洲、日韩，北美航区跃居首位；2007 年位次变化为北美、日韩和欧洲；2013 年，在中欧贸易量飞速发展的推动下，欧洲航区成为我国港口集装箱班轮航线联系最强的地区，北美、日韩次之。总体来看，集装箱班轮航线对外联系的变化与分布格局和我国对外贸易联系的演化路径基本吻合，同时也从侧面反映了海运是我国对外贸易运输的主要载体。

（2）在普遍发展的基础上宁波港、上海港发展为联系世界十大航区的枢纽港口。1996～2013 年，我国与北美、欧洲、地中海、中东等世界十大航区的联系日益密切，航线规模均得到快速发展，除南美、非洲航区外，各航区航线数量增长率均高于 10%，其中北美、地中海、澳新和南美地区的航线增长率超过30%。但从港口角度来看，各港口与不同航区联系强度变化明显。20 世纪 90 年代，香港港、上海港、青岛港、天津港是我国对外联系的主要港口，其中与香港港、上海港联系的首位航区分别达到 5 个（北美、地中海、南美、澳新、南亚）、4 个（欧洲、非洲、日韩、东南亚）；发展至 2013 年，香港港、青岛港、天津港联系的首位航区下降明显，宁波港、深圳港增长明显，其中深圳港首位航区数量达到 4 个（欧洲、地中海、非洲、南美），上海港、宁波港发展成为我国对外联系的国际枢纽港。

4.2.2　集装箱班轮航线集疏变化

从区域尺度测度 1996～2013 年集装箱班轮航线总体趋于分散或集中是分析长江三角洲集装箱班轮航线时空演化的重要内容。基尼系数（Gini coefficient）和洛伦兹曲线（Lorenz curve）作为衡量地理要素空间集疏的两个通用性工具，但两种模型本身也存在着缺陷（Scherer，1980）。鉴于此，本书采用赫芬达尔-赫希曼指数测度 1996～2013 年长江三角洲集装箱班轮航线的空间结构。

$$H = \frac{\left(\sum_{i=1}^{n} CLR_{ij}^2 \right) \Big/ \left(\sum_{i=1}^{n} CLR_{ij} \right)^2 - \frac{1}{n}}{1 - \frac{1}{n}} \tag{4.1}$$

式中，n 为港口体系内港口数；CLR_{ij}（container liner route）为 j 港口体系或港群内 i 港口的集装箱班轮航线数量；H 为 j 港口体系或港群集装箱班轮航线的集中分散指数。$0<H<1$，当 H 趋向于 0 时，港口体系或港群内的班轮航线趋于分散；当 H 趋向于 1 时，港口体系或港口群内的班轮航线趋于集中，计算结果见表 4.7。

表 4.7 1996～2013 年长江三角洲集装箱班轮航线集疏演化

航线类型	1996 年	2002 年	2007 年	2013 年
班轮航线合计	0.387	0.437	0.450	0.516
远洋航线	0.689	0.503	0.499	0.501
近洋航线	0.416	0.502	0.523	0.490
沿海航线	0.265	0.284	0.370	0.334
长江支线	0.212	0.252	0.302	0.357

班轮航线空间结构动态变化的总趋势是趋于集中。20 世纪 90 年代以来，长江三角洲集装箱港口航线的空间集聚程度与状态发生了显著变化，上述计算结果表明，长江三角洲集装箱港口班轮航线空间结构动态变化的总趋势是逐渐趋于集中，1996～2013 年，赫芬达尔-赫希曼指数由 0.387 增加至 0.516，集中化的趋势较为明显，与前述长江三角洲趋于分散的箱量格局表现出相反的空间演化趋势。

在总体趋于集中的基础上呈现出不同的变化特征。上述分析表明，长江三角洲集装箱港口班轮航线表现出总体趋于集中的态势，但从不同航线类型来看，集疏路径差异显著，甚至表现出相反的空间结构动态变化。长江支线呈明显的集中态势，1996～2013 年，赫芬达尔-赫希曼指数由 0.212 增加至 0.357，增幅达 0.145；沿海航线和近洋航线先集中后分散，而远洋航线则相反，先分散后集中，这种空间变化特征与洋山港的开港通航和金融危机对全球航运业的深刻影响有着密切关联。

班轮航线空间结构动态变化是在两种不同的基础上进行的。上述分析显示远洋航线、近洋航线、沿海航线和长江支线存在不同的空间结构变化特征，但无论集中分散，还是集中分散交替进行，空间变化存在两种不同的基础。远洋航线、近洋航线是在航线较为集中的情况下开始空间结构变化，赫芬达尔-赫希曼指数大部分在 0.5 以上，说明近远洋航线的空间结构变化主要在上海港、宁波港等少数港口之间；沿海航线和长江支线的空间结构变化是在航线较为分散的情况下进行的，1996 年以来赫芬达尔-赫希曼指数均在 0.38 以下，其中长江支线的赫芬达尔-赫希曼指数最低。

4.2.3　集装箱班轮航线规模演化

前述内容重点分析了全国视角下上海港、宁波港等长江三角洲主要港口1996～2013 年各类航线的演化及长江三角洲集装箱班轮航线的总体集疏演化，研究角度尚未聚焦于本书实证研究区内各港口的集装箱班轮航线的时空演化（表 4.8）。

表 4.8　1996～2013 年长江三角洲集装箱港口班轮航线演化

年份	班轮航线	上海港	宁波港	南京港	太仓港	张家港港	常熟港	江阴港	南通港	镇江港	扬州港	泰州港	嘉兴港
1996	三大干线	26	3	2	0	1	0	0	1	0	0	0	0
	远洋航线	47	4	3	0	2	0	0	1	0	0	0	0
	近洋航线	36	10	4	0	5	0	1	3	0	0	0	0
	沿海航线	19	3	5	0	7	0	1	5	1	1	1	0
	长江支线	8	0	5	0	7	0	1	5	1	1	1	0
2002	三大干线	72	35	2	0	0	0	0	2	0	0	0	0
	远洋航线	132	53	6	0	6	0	1	3	0	0	0	0
	近洋航线	90	24	5	3	4	0	0	4	0	0	0	0
	沿海航线	20	12	5	0	4	0	0	4	0	0	1	0
	长江支线	13	0	7	0	4	2	0	4	2	2	1	0

续表

年份	班轮航线	上海港	宁波港	南京港	太仓港	张家港港	常熟港	江阴港	南通港	镇江港	扬州港	泰州港	嘉兴港
2007	三大干线	110	80	2	0	0	0	0	0	0	0	0	0
	远洋航线	183	134	4	0	0	0	0	0	0	0	0	0
	近洋航线	129	53	6	5	3	0	0	1	0	0	0	0
	沿海航线	30	14	12	9	2	0	3	0	0	0	0	1
	长江支线	58	0	19	23	8	7	0	7	5	3	2	0
2013	三大干线	106	80	4	0	0	0	0	0	0	0	0	0
	远洋航线	165	137	4	0	0	0	0	0	0	0	0	0
	近洋航线	152	57	13	15	7	2	2	1	0	0	0	0
	沿海航线	31	22	25	36	10	0	4	3	0	3	3	2
	长江支线	172	0	40	65	12	6	5	11	9	6	4	0

（1）三大干线、远洋航线集中分布于上海港、宁波港两港口，其他港口零星分布。上海港、宁波港作为长江三角洲港口体系内港口设施、岸线水深、服务配套、政策措施等各方面优势突出的港口，吸引国内外知名班轮公司纷纷入驻，开辟通往美加、欧地等航区的航线。加之远洋船舶的巨型化、15m水深的硬性要求及对停靠港口效率的高要求等因素的限制，长江沿岸和沿海的其他港口在吸引远洋航线挂靠服务方面缺乏竞争力，早期南京港、张家港港、南通港等少数港口停靠过少量的远洋航线，但目前仅有南京港和新生的太仓港经营少量远洋航线。从时间上看，上海港、宁波港在吸引三大干线挂靠服务的同时，也表现出不同的增长速度，宁波港的远洋航线发展迅速（年均 23.2%）远超上海港（年均 7.7%），由 20 世纪 90 年代仅为上海港的 1/10 缩小至现在的 3/4，三大干线和远洋航线在近年来表现出由上海港向宁波港转移的趋势。

（2）轴-辐班轮网络初步形成，港口体系形成了较为明晰的职能分工。表 4.8 数据表明，上海港、宁波港在班轮网络中处于航运网络的最高等级，高度集聚着三大干线、远洋航线、近洋航线等班轮航线，承担长江三角洲地区对美加、欧地等主要贸易区的联系与运输的重要职能；南京港、张家港港、太仓港、江阴港、南通港等港口集聚着近洋航线、沿海航线和长江支线，在完成对日韩、澳新等中距离贸易运输的同时，承担着沿海贸易中转、长江沿岸地区货物进出口的重要职能；常熟港、镇江港、扬州港、泰州港等港口主要运营长江支线，通过陆路交通运输集聚各自腹地货物通过支线喂给至上海港、南京港、太仓港等港口再中转到世界各地，完成出口或反方向进口的任务，各港口的职能分工基本清晰。

（3）宁波港基本形成国际枢纽港，但在航线组织方面与上海港仍有较大差距。1996～2013 年，宁波港的快速发展是长江三角洲集装箱港口体系变化的一个重要趋势和显著特征，其在缩小与上海港差距的同时，也基本奠定了自身国际枢纽港的地位，集装箱班轮航线的增长与发展是这一趋势和特征的重要衡量指标。20 世纪 80 年代，长江三角洲集装箱班轮运输开始兴起，上海港因先发优势而聚集远洋航线、近洋航线、沿海航线、长江支线等集装箱班轮航线，各类航线数量远远高于宁波港、南京港等港口，肩负着长江三角洲对外交流的唯一门户的职能。进入 20 世纪末和 21 世纪初，上海港在获得飞速发展的同时，受到诸如土地局限、水深不足、岸线短缺、成本上升、交通阻塞、环境制约等因素的限制，其航线发展速度明显减缓。与此同时，宁波港深水良港优势得到发挥，吸引班轮公司集聚，各类班轮航线发展速度明显快于上海港，区域内集装箱班轮航线开始出现转移分散。发展至 2013 年，宁波港的三大干线、远洋航线、近洋航线和沿海航线等集装箱班轮航线数量分别达到 80 条、137 条、57 条、22 条，明显高于南京港、太仓港等其他港口，但与上海港 106 条、165 条、152 条、31 条的班轮航线规模差距显著，同时通过码头投资、资本参股等措施掌握长江内河集装箱运输，上海港长江支线优势明显，而宁波港缺少长江支线的喂给。总之，宁波港在箱源供给、班轮航线数量、航运网络组织等方面与上海港还存在较大差距。

（4）长江支线班轮网络尚未形成，基本以港口对航线和环绕式航线为主。发端于 20 世纪 80 年代的长江集装箱班轮运输，经过 1996～2013 年的发展，班轮航线数量发展迅速，几乎涵盖了长江沿岸上、中、下游所有的集装箱港口，诸港口通过长江支线船舶将腹地进出口货物运输至上海港，再换装至远洋巨轮运输至世界各地。目前，初步形成了以上海港为枢纽的航运网络。但长江沿岸港口之间的班轮运输组织基本以港口对航线和环绕式航线为主（表 4.9），沿岸仅挂靠少数港口或直接联系上海港，班轮公司与班轮公司之间也缺乏应有的合作，存在船舶装载率、班轮密度、航线利用率不高及价格恶性竞争等问题。

表 4.9   2013 年 6 月长江航运集团长江支线船期

班轮支线	班期	内地开船日期	上海开船日期	航行时间/天
重庆—上海	每周二班	周三、周六	周一、周五	+10
武汉—上海	每周四班	周二、周三、周四、周六	周一、周二、周四、周日	+5
九江—上海	每周二班	周三、周五	周一、周四	+4
安庆—上海	每周一班	周三、周五	周一、周四	+4
马鞍山—上海	每周三班	周一、周三、周五	周二、周五、周日	+4
芜湖—上海	每周三班	周一、周三、周五	周二、周五、周日	+3
南京—上海	每周三班	周一、周三、周五	周二、周五、周日	+2
南通—上海	每周三班	周二、周五、周六	周一、周三、周四	+2
张家港—上海	每周三班	周二、周三、周五	周一、周三、周四	+2
镇江—上海	每周二班	周二、周五	周一、周六	+2
泰州—上海	每周一班	周二、周五	周一、周六	+2
扬州—上海	每周一班	周二、周四	周五、周日	+2
长沙—上海	每周三班	周二、周四、周六	周一、周三、周五	+7
常熟—上海	每周一班	周一、周二	周三、周四	+2
黄石—上海	每周一班	周三、周五	周一、周四	+5
南昌—上海	每周二班	周三、周六	周四、周日	+7
太仓—上海	每周一班	周四	周一	+3
铜陵—上海	每周一班	周三、周五	周一、周四	+7

从班轮航线通达的航区来看，长期以来长江三角洲集装箱港口与北美、欧洲、地中海、中东、非洲、南美、日韩、澳新、东南亚、南亚十个航区的港口均存在联系，其中与北美、欧洲、日韩三个地区港口的联系最为密切，且航线主要集中于上海港、宁波港。对于上海港而言，日韩航区一直是航线最多的地区，其次才是欧洲、北美地区；宁波港则相反，北美、欧洲航区一直是重点联系区域，其次是日韩区域，表明宁波港在与上海港激烈竞争的同时，也在谋划航线的布局与调整，争取在局部地区打造精品航线、优势航线。南京港、太仓港、张家港港等基础设施、服务配套等较为优越的长江沿岸港口在喂给上海枢纽港的同时，积极开通日韩、澳新等近洋

航线，直通国外。例如，2013 年由南京出发的 82 条航线中有 7 条通往日韩地区、5 条通往澳新地区、1 条通往东南亚地区、4 条通往欧洲地区，其他的 40 条航线直接喂给上海港。而常熟港、江阴港、南通港、镇江港、扬州港、嘉兴港等长江三角洲其他港口联系的航区主要集中在长江沿岸或沿海地区，腹地进出口的货物运输至上述拥有国际航线的港口，再中转出口（表 4.10）。

表 4.10　1996～2013 年长江三角洲集装箱港口不同航区班轮航线演化（单位：条）

年份	港口	北美	欧洲	地中海	中东	非洲	南美	日韩	澳新	东南亚	南亚	沿海航线	长江支线	合计
1996	上海港	9	17	4	3	7	7	19	5	12	0	19	8	110
	宁波港	3	0	0	1	0	0	6	2	2	0	3	0	17
	南京港	0	2	0	0	0	1	4	0	0	0	5	5	17
	太仓港	0	0	0	0	0	0	0	0	0	0	0	0	0
	张家港港	0	1	0	0	0	1	5	0	0	0	5	7	19
	常熟港	0	0	0	0	0	0	0	0	0	0	0	0	0
	江阴港	0	0	0	0	0	0	1	0	0	0	2	1	4
	南通港	0	1	0	0	0	0	3	0	0	0	4	5	13
	镇江港	0	0	0	0	0	0	0	0	0	0	2	1	3
	扬州港	0	0	0	0	0	0	0	0	0	0	0	1	1
	泰州港	0	0	0	0	0	0	0	0	0	0	0	1	1
	嘉兴港	0	0	0	0	0	0	0	0	0	0	0	0	0
	合计	12	21	4	4	7	9	38	7	14	0	40	29	185
2002	上海港	43	29	20	8	18	14	52	22	12	4	20	13	255
	宁波港	19	16	4	7	4	3	9	7	7	1	13	0	90
	南京港	1	1	1	2	1	1	3	1	0	1	5	6	23
	太仓港	0	0	0	0	0	0	3	0	0	0	0	0	3
	张家港港	2	0	1	2	0	1	3	0	0	1	4	6	20
	常熟港	0	0	0	0	0	0	0	0	0	0	2	2	4
	江阴港	0	0	0	1	0	0	0	0	0	0	0	0	1
	南通港	2	0	1	0	0	2	3	0	0	1	4	2	15
	镇江港	0	0	0	0	0	0	0	0	0	0	0	2	2
	扬州港	0	0	0	0	0	0	0	0	0	0	0	2	2
	泰州港	0	0	0	0	0	0	0	0	0	0	1	1	2
	嘉兴港	0	0	0	0	0	0	0	0	0	0	0	0	0
	合计	67	46	27	20	22	19	73	30	19	8	49	37	417

续表

年份	港口	北美	欧洲	地中海	中东	非洲	南美	日韩	澳新	东南亚	南亚	沿海航线	长江支线	合计
2007	上海港	68	42	33	16	7	17	79	18	23	9	30	33	375
	宁波港	40	40	23	15	5	11	25	12	9	7	14	0	201
	南京港	1	1	1	0	1	0	3	2	1	0	12	19	41
	太仓港	0	0	0	0	0	0	3	0	2	0	9	23	37
	张家港港	0	0	0	0	0	0	3	0	0	0	2	8	13
	常熟港	0	0	0	0	0	0	0	0	0	0	0	7	7
	江阴港	0	0	0	0	0	0	0	0	0	0	3	0	3
	南通港	0	0	0	0	0	0	1	0	0	0	0	7	8
	镇江港	0	0	0	0	0	0	0	0	0	0	0	5	5
	扬州港	0	0	0	0	0	0	0	0	0	0	0	3	3
	泰州港	0	0	0	0	0	0	0	0	0	0	0	2	2
	嘉兴港	0	0	0	0	0	0	0	0	0	0	1	0	1
	合计	109	83	57	32	12	28	114	32	35	16	71	107	696
2013	上海港	50	56	36	15	4	4	71	35	39	7	31	86	434
	宁波港	36	44	36	14	4	4	22	19	11	5	24	0	219
	南京港	0	4	0	0	0	0	7	5	1	0	25	40	82
	太仓港	2	0	0	0	0	0	11	4	0	0	36	65	118
	张家港港	0	0	0	0	0	0	7	0	0	0	10	12	29
	常熟港	0	0	0	0	0	0	0	0	0	0	0	6	6
	江阴港	0	0	0	0	0	0	0	0	2	0	4	5	11
	南通港	0	0	0	0	0	0	1	0	0	0	3	11	15
	镇江港	0	0	0	0	0	0	0	0	0	0	0	9	9
	扬州港	0	0	0	0	0	0	0	0	0	0	3	6	9
	泰州港	0	0	0	0	0	0	0	0	0	0	3	4	7
	嘉兴港	0	0	0	0	0	0	0	0	0	0	2	0	2
	合计	88	104	72	29	8	8	119	63	53	12	141	242	941

4.2.4 集装箱班轮航线转移变化

前述内容仅回答了长江三角洲集装箱港口体系内各港口班轮航线的格局与演

化、各港口不同类型航线增速的差异等，而忽视了航线在同一港口体系内不同港口间的增设、撤销、转移等内容的分析。在任何一个港口体系内，一定时期内，某一港群或港口的航线增长都可以分解为"分享"和"偏移"两部分，分享增长是指当某一港群或港口以整个港口体系航线增长率增长时所获得的增长量。偏移增长是指某一港群或港口的航线增长对分享增长量的偏差数额，对于增长相对快速的港群或港口来说，其值为正值；而对于增长相对较慢的港群或港口来说，其值为负值。那么，1996～2013 年，长江三角洲集装箱港口体系内，哪些港口在航线竞争中具有相对优势？哪些港口处于相对劣势，其程度大小如何？若从不同类型航线来考量，这些问题又该如何？为此，本书借助区域经济学中的偏移-分享模型来说明上述问题。

$$\text{SHIFT}_i = \text{ABSGR}_i - \text{SHARE}_i = \text{TEU}_{it_1} - \left(\sum_{i=1}^{n} \text{TEU}_{it_1} \bigg/ \sum_{i=1}^{n} \text{TEU}_{it_0} \right) \times \text{TEU}_{it_0} \qquad (4.2)$$

$$\text{VOLSHIFT}_{\text{intra}} = \sum_{j=1}^{m} \text{VOLSHIFT}_{\text{intra}_j} \qquad (4.3)$$

$$\text{VOLSHIFT}_{\text{intra}_j} = \frac{\sum_{i=1}^{r} \left| \text{SHIFT}_{ij} \right| - \left| \sum_{i=1}^{r} \text{SHIFT}_{ij} \right|}{2} \qquad (4.4)$$

$$\text{VOLSHIFT}_{\text{inter}} = \sum_{j=1}^{m} \left(\left| \sum_{i=1}^{r} \text{SHIFT}_{ij} \right| \bigg/ 2 \right) \qquad (4.5)$$

$$\text{VOLSHIFT}_{\text{total}} = \frac{\left(\sum_{i=1}^{n} \left| \text{SHIFT}_{ij} \right| \right)}{2} = \text{VOLSHIFT}_{\text{intra}} + \text{VOLSHIFT}_{\text{inter}} \qquad (4.6)$$

式中，ABSGR_i 为 i 港口于（t_0, t_1）时段内的绝对增长量；SHARE_i 为 i 港口于（t_0, t_1）时段的分享增长量；SHIFT_i 为 i 港口于（t_0, t_1）时段的偏移增长量；TEU_{it_1} 为 i 港口在 t_1 时间的集装箱吞吐量；$\text{VOLSHIFT}_{\text{intra}}$ 为同一港群内不同港口之间的偏移增长量；$\text{VOLSHIFT}_{\text{inter}}$ 为不同港群之间的偏移增长量；$\text{VOLSHIFT}_{\text{total}}$ 为整个港口体系内不同港口之间的偏移增长量；r 为港群 j 内的港口数目；n 为港口体系内的港口数；m 为港口体系内港群数目。SHIFT 值为正，说明某港群或港口在航线增长方面具有竞争优势；SHIFT 值为负，则说明某港群或港口在航线增长方面处于劣势。本书对长江三角洲地区总班轮航线和各类班轮航线分别进行了偏移增长测度，结果如下。

4.2.4.1 班轮航线转移变化

由表 4.11 计算结果，梳理出 1996～2013 年来长江三角洲集装箱班轮航线竞争格局的主要线索。

表 4.11 1996～2013 年长江三角洲集装箱班轮航线演化

航线合计	1996～2002 年	2002～2007 年	2007～2013 年
港口体系偏移增长量	78.87	173.81	132.54
港群之间偏移增长量	67.87	91.86	114.82
港群内部偏移增长量	11.00	81.94	17.72
其中：沿海港群	0	43.68	2.61
沿江港群	11.00	38.26	15.11
港口之间的偏移增长			
其中：正偏移增长港口	宁波港：50.56	宁波港：42.68	太仓港：66.55
	常熟港：8.00	太仓港：31.66	张家港港：10.92
	上海港：6.30	常熟港：13.77	江阴港：6.83
	太仓港：3.00	镇江港：1.44	镇江港：2.03
		江阴港：1.38	嘉兴港：2.51
		嘉兴港：1.00	南通港：0.88
			扬州港：0.17
			泰州港：0.12
负偏移增长港口	张家港港：−24.96	上海港：−53.61	宁波港：−63.49
	南京港：−15.43	南通港：−18.47	上海港：−36.21
	南通港：−14.39	张家港港：−18.81	南京港：−24.98
	江阴港：−8.04	扬州港：−0.56	常熟港：−15.28
	镇江港：−4.58	泰州港：−0.42	
	扬州港：−0.26	南京港：−0.08	
	泰州港：−0.20		

（1）整个集装箱港口体系班轮航线偏移增长量始终较大，其中 2002～2007 年达到峰值。1996～2013 年的 3 个时间段，长江三角洲集装箱港口体系班轮航线的偏移增长量始终保持较高水平，其中 1996～2002 年偏移增长量达到 78.87，2002～2007 年的偏移增长量达到高峰（173.81），2007～2013 年虽然在港口体系偏移增长量的值有所下降，但其绝对值仍高达 132.54。与此相对应，港群间的班轮航线偏移路径与上述特征基本相符，也在 2002～2007 年达到峰值，但港群间的班轮航线在 3 个时间段始终保持高速增长（表 4.11）。总体来看，1996～2013 年长江三角洲集装箱港口体系内各港群间和各港口间的竞争强度始终很大，其中 2002～2007 年竞争最为激烈。

（2）港群之间的班轮航线偏移增长量大于港群内部的偏移增长量。研究期内沿海港群与沿江港群之间及港群内部港口之间的班轮航线均发生了一定程度的偏移增长，但两大港群之间的班轮航线偏移增长量始终大于两大港群内部的偏移增长量。这一方面表明整个港口体系的偏移增长主要由两大港群之间的偏移增长引起的，同时也说明沿海港群与沿江港群之间的竞争比两大港群内部各港口之间的竞争更为激烈。另有一点值得注意的是，沿海港群的班轮航线偏移增长量波动性较大，2002～2007 年达到最大值 43.68，而 1996～2002 年、2007～2013 年偏移增长量非常微弱，仅为 0～3，表明沿海港群的上海港与宁波港在班轮航线的竞争主要集中在 2002～2007 年，之后进入了较为平稳的平行增长期，但沿江港群内各港口之间竞争始终较为激烈，偏移增长量平均值为 21。

（3）港口间的集装箱班轮航线偏移增长差异显著。梳理 1996～2013 年来 3 个不同时期的主要正偏移增长港口和负偏移增长港口，可以发现：①上海港、宁波港在获得较大的正偏移增长后进入负偏移增长阶段，上海港先于宁波港表现出极化作用，在 2002～2007 年就呈现出负偏移增长（−53.61）。此外，在正偏移增长和负偏移增长两个方面，宁波港的偏移增长量均位居首位。3 个时间段的偏移增长量分别达到 50.56、42.68 和−63.49。②2007～2013 年，沿江港口总体上进入正偏移增长行列，沿江九港除南京港和常熟港外，其余 7 个港口均为正偏移增长。说明近年来长江集装箱班轮运输发展迅速，沿江港口在班轮航线竞争中表现更强的增长势头，激烈的竞争也随之相伴。③沿江港群在班轮航线竞争中，太仓港、张家港港、江阴港等港口表现突出，2007～2013 年尤为显著，3 个港口的偏移增长量分别为 66.55、10.92 和 6.83，而南京港始终处于竞争的劣势，一直处于负偏移增长，3 个时间段分别为−15.43、−0.08 和−24.98。表明南京港虽然一直是长江沿岸港口的班轮枢纽，但其网络地位却呈现相对下降趋势。

4.2.4.2 远洋班轮航线转移变化

表 4.12 计算结果表明，1996～2013 年长江三角洲集装箱远洋班轮航线有以下演化轨迹。

（1）3 个时间段内港口体系偏移增长量总体在减少，1996～2002 年、2002～2007 年，总偏移量均在 75 左右，而到 2007～2013 年下降到 23.34，表明远洋班轮航线的竞争激烈强度渐趋缓和。且港群之间与港群内部的偏移增长量基本相当，其中港群内部的偏移增长主要来自于沿海港群，即上海港和宁波港。

（2）梳理 3 个时间段的主要正偏移增长港口和负偏移增长港口，可以发现一个显著的现象是宁波港一直处于正偏移增长，是 2002～2007 年、2007～2013 年唯一的正偏移增长港口，且绝对数值较高，在 2002～2007 年达到 49.36 的峰值。上海港和其他港口的远洋班轮航线均表现出负偏移增长，表明原先挂靠沿江港口的少数远洋班轮航线逐渐转出至上海港、宁波港，且以宁波港为主。

表 4.12　1996～2013 年长江三角洲集装箱远洋班轮航线演化

远洋班轮航线	1996～2002 年	2002～2007 年	2007～2013 年
港口体系偏移增长量	74.63	77.17	23.34
港群之间偏移增长量	39.89	49.36	10.59
港群内部偏移增长量	34.74	27.81	12.75
其中：沿海港群	33.74	27.81	12.75
沿江港群	1.00	0	0
港口之间的偏移增长			
其中：正偏移增长港口	宁波港：38.89	宁波港：49.36	宁波港：12.75
	江阴港：1.00		
负偏移增长港口	上海港：−33.74	上海港：−27.81	上海港：−10.59
	南京港：−4.58	张家港港：−9.58	太仓港：−2.00
	张家港港：−1.05	南京港：−5.58	南京港：−0.16
	南通港：−0.53	南通港：−4.79	
		江阴港：−1.60	

总体来看，1996～2013 年宁波港虽然地处上海国际集装箱枢纽港附近，但在远洋班轮航线竞争中始终保持明显优势，宁波港在客观上已经逐渐成为国际远洋集装箱运输枢纽港。

4.2.4.3　近洋班轮航线转移变化

表 4.13 计算结果表明，1996～2013 年长江三角洲集装箱近洋班轮航线有以下演化轨迹。

表 4.13　1996～2013 年长江三角洲集装箱近洋班轮航线演化

近洋班轮航线	1996～2002 年	2002～2007 年	2007～2013 年
港口体系偏移增长量	18.64	24.92	19.70
港群之间偏移增长量	15.64	17.08	19.45
港群内部偏移增长量	3.00	7.84	0.25
其中：沿海港群	0	7.38	0
沿江港群	3.00	0.45	0.25
港口之间的偏移增长			
其中：正偏移增长港口	上海港：10.68	宁波港：16.63	太仓港：8.73
	太仓港：3.00	太仓港：0.45	南京港：5.48
	宁波港：1.97		张家港港：3.24
			江阴港：2.00
负偏移增长港口	张家港港：-7.02	南通港：-5.06	上海港：9.74
	南京港：-3.81	上海港：-7.38	宁波港：-9.45
	南通港：-2.61	张家港港：-3.06	南通港：-0.25
	江阴港：-2.20	南京港：-1.58	

　　（1）3 个时间段的集装箱港口体系偏移增长量均小于远洋班轮航线的偏移增长量，且这种增长主要来自两大港群之间，而港群内各港之间的偏移增量十分微弱，表明近洋班轮航线的竞争主要来自沿海港群与沿江港群之间。

　　（2）从单个港口的偏移增长来看，上海港、宁波港两个沿海港口在集装箱近洋班轮运输中逐渐由 1996～2002 年的绝对优势逐渐转变为 2007～2013 年的劣势，而沿江的南京港、张家港港等主要港口却呈现出相反的变化态势。例如，上海港的偏移增长量由 1996～2002 年的 10.68 下降至 2002～2007 年的-7.38 和 2007～2013 年的-9.74，宁波港由 1996～2002 年的 1.97 和 2002～2007 年的 16.63 降到 2007～2013 年的-9.45，南京港则由 1996～2002 年的-3.81 和 2002～2007 年的-1.58 增加至 2007～2013 年的 5.48。此外，太仓港在近洋班轮航线竞争中始终具有一定的优势，表明随着长江航运条件的改善，太仓港、南京港、张家港港等沿江港口在吸引日韩、澳新、东南亚等近洋班轮航线方面逐渐表现出一定优势。

4.2.4.4　沿海班轮航线转移变化

根据表 4.14 计算结果,1996～2013 年长江三角洲集装箱沿海班轮航线有以下演化轨迹。

表 4.14　1996～2013 年长江三角洲集装箱沿海班轮航线演化

沿海班轮航线	1996～2002 年	2002～2007 年	2007～2013 年
港口体系偏移增长量	10.00	28.73	34.10
港群之间偏移增长量	8.63	17.11	30.38
港群内部偏移增长量	1.38	11.62	3.72
其中:沿海港群	1.38	1.00	2.14
沿江港群	0	10.62	1.58
港口之间的偏移增长			
其中:正偏移增长港口	宁波港:8.63	上海港:11.57	太仓港:19.27
		太仓港:8.00	宁波港:6.28
		江阴港:3.00	南京港:2.69
		泰州港:1.00	嘉兴港:2.14
负偏移增长港口	江阴港:−2.25	南通港:−7.31	上海港:−24.57
	镇江港:−2.25	南京港:−6.11	张家港港:−4.03
	张家港港:−1.63	张家港港:−5.23	江阴港:−1.53
	上海港:−1.38	宁波港:−4.92	泰州港:−0.25
	南京港:−0.63		
	南通港:−0.50		

(1)在港口体系偏移增长量方面与近洋班轮航线港口体系偏移增长量变化基本一致,港口体系偏移增长量绝对规模不高,且主要来自港群之间的偏移增长量。

(2)宁波港在沿海班轮航线竞争中总体处于优势,仅在 2002～2007 年呈现微弱的负偏移增长;上海港表现出与宁波港相反的变化路径,2002～2007 年沿海班轮航线增长速度明显高于长江三角洲地区其他所有港口,但在 2007～2013 年却转入负偏移增长;沿江各港口中仅有太仓港在 2002～2007 年和 2007～2013 年两个时段内呈现正偏移增长,偏移增长值位居沿江港口首位,表明在沿海班轮航线中太仓港处于明显的优势地位;此外,沿海的嘉兴港近年来由于宁波港的投资和参股,及浙江省政府的大力扶持,集装箱班轮运输发展较快,在沿海班轮航线竞争中表现出一定的优势。

4.2.4.5　长江班轮支线转移变化

表 4.15 计算结果表明,1996~2013 年长江三角洲集装箱长江班轮支线有以下演化轨迹。

表 4.15　1996~2013 年长江三角洲集装箱长江班轮支线演化

长江班轮支线	1996~2002 年	2002~2007 年	2007~2013 年
港口体系偏移增长量	19.86	54.93	76.45
港群之间偏移增长量	10.71	31.93	58.54
港群内部偏移增长量	9.14	23.00	17.91
其中:沿海港群	0	0	0
沿江港群	9.14	23.00	17.91
港口之间的偏移增长			
其中:正偏移增长港口	上海港:8.00	太仓港:21.00	上海港:40.64
	常熟港:1.57	上海港:8.93	太仓港:12.91
	镇江港:0.66	镇江港:2.55	江阴港:5.00
	扬州港:0.43	常熟港:2.20	
	南京港:0.14		
	泰州港:0.05		
负偏移增长港口	张家港港:−6.00	南京港:−13.41	常熟港:−39.42
	南通港:−3.24	南通港:−9.10	张家港港:−6.12
	江阴港:−1.57	张家港港:−6.50	南通港:−4.75
		扬州港:−5.31	南京港:−3.03
		泰州港:−0.32	扬州港:−2.76
			镇江港:−2.32
			泰州港:−0.13

(1)长江班轮支线偏移增长量在经历 1996~2002 年和 2002~2007 年的小幅增长后,在 2007~2013 年出现"井喷式"增长,偏移增长量高达 76.45。表明 2007~2013 年长江班轮支线出现飞速发展,港口间竞争强度也日益激烈。

(2)上海港在 1996~2013 年来的长江班轮支线竞争中一直处于绝对的优势地位,正偏移增长量不断变大,在 2007~2013 年到达 40.64,远高于长江三角洲集装箱港口体系的其他港口。

（3）沿江港口体系中，南京港在早先的长江班轮支线中显现出一定的优势，但进入 2002～2007 年偏移增长量为负值，且一直持续到 2007～2013 年，表明 2002～2013 年南京港在长江班轮支线竞争中处于明显的劣势；太仓港和江阴港表现出与南京港相反的变化趋势，其中太仓港的优势最为突出，这与太仓港的航道条件、港区设施及政府政策支持密切相关；其他港口如镇江港、扬州港、常熟港、泰州港等在长江班轮支线竞争中总体上由优势转为劣势，而南通港偏移增长量一直为负值，历史上的枢纽港地位正渐渐退去。

4.3　集装箱班轮密度时空演化

航线作为港口之间联系的媒介，仅能反映港口、航区之间是否存在联系、何时开始联系、联系何时结束等，而对于港口、航区之间联系的大小、强弱、频率等却无法考量，所以分析集装箱港口班轮密度的空间格局与历史演化是探析长江三角洲地区集装箱班轮网络演化的另一个重要内容，同时也是对航运网络演化的重要补充和完善。

4.3.1　国际航线班轮密度演化

前述研究表明，长江三角洲地区的远洋班轮航线和近洋班轮航线主要集中于上海港、宁波港，同时在南京港、太仓港、张家港港、南通港等港口有少量分布，故这里将远洋航线和近洋航线合并成国际航线，并重点探讨上海港、宁波港、南京港、太仓港、张家港港、南通港 6 个港口，1996～2013 年班轮密度的变化（表 4.16）。

表 4.16　1996～2013 年长江三角洲集装箱国际航线班轮密度演化　（单位：班/月）

港口	1996 年	2002 年	2007 年	2013 年
大连港	428	968	604	880
天津港	460	1016	892	972
青岛港	496	1056	1280	1664
上海港	1444	1736	4032	6304
宁波港	148	588	2372	4292
南京港	32	212	68	44
太仓港	0	24	64	80
张家港港	64	132	36	44
南通港	64	136	16	16

续表

港口	1996 年	2002 年	2007 年	2013 年
常熟港	0	0	0	0
江阴港	0	0	0	0
镇江港	0	0	0	0
扬州港	0	0	0	0
泰州港	0	0	0	0
嘉兴港	0	0	0	0
厦门港	104	652	800	1504
广州港	44	184	76	504
深圳港	592	452	3152	4952
香港港	—	—	3096	3008
高雄港	—	—	500	836

注："—"表示资料无法获取

（1）上海港在航线数量、班轮密度两个方面全面超越香港港和其他港口，成为我国对外联系度最高的国际枢纽港。前述分析可知，经过 1996～2013 年的发展，在与美加、欧地等地区联系的远洋航线及与日韩、澳新等地区联系的近洋航线数量方面，上海港已成为我国航线规模最大的港口，超越香港港、深圳港、青岛港等沿海的其他 9 个枢纽港口。在班轮密度方面，上海港也表现出相同的增长趋势，由 1996 年的 1444 班/月增长至 2013 年的 6304 班/月，年均增长 9.06%，明显高于大连港、天津港、青岛港、厦门港、广州港、深圳港、香港港、高雄港的 880 班/月、972 班/月、1664 班/月、1504 班/月、504 班/月、4952 班/月、3008 班/月和 836 班/月。由于受到边缘深圳港及长江三角洲集装箱班轮网络快速发展的抑制，香港港在国际航线数量增长的同时，班轮密度增长较为缓慢，局部时段表现出负增长的态势，2007～2013 年，国际航线的班轮密度由 3096 班/月降至 3008 班/月，甚至低于深圳港的 4952 班/月，这一发现超出作者原有的设想，背后的原因及机理需进一步深入研究。

（2）宁波港班轮密度发展速度最快，与上海港一起成为长江三角洲地区枢纽组合港。1996～2013 年，我国沿海主要集装箱港口的国际航线班轮密度普遍获得快速发展，平均增长速度达到 10.53%，宁波港、厦门港、广州港的增速高达 15%以上，其中宁波港成为 1996 年以来国际航线班轮密度发展最快的港口，由 1996 年的 148 班/月增长至 2013 年的 4292 班/月，年均增长 21.90%，班轮密度仅次于上海港 6304 班/月和深圳港的 4952 班/月。此外，宁波港在班轮航线和班轮密度等方面也远远超越长江三角洲其他的集装箱港口，而且与上海港的差距不断缩小

（图 4.2），宁波港正在与上海港一起成为长江三角洲地区的国际枢纽组合港。

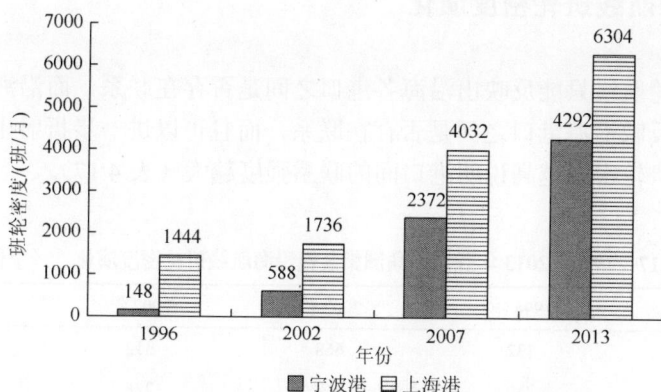

图 4.2 上海港与宁波港国际航线班轮密度比较

（3）南京港在近远洋线数量增加的基础上，班轮密度不断降低；张家港港、南通港等长江沿岸港口的外贸枢纽功能不断退化。1996～2013 年，长江三角洲地区上海港和宁波港作为枢纽港与世界十大航区通航的航线数量和班轮密度获得了飞速发展，而南京港、张家港港、南通港等外贸港口却表现出不同的发展态势，主要分为两种情况。一是 20 世纪 90 年代以来，作为长江三角洲地区长江沿岸最大的港口，南京港虽然在国际航线数量规模实现了 7 条到 17 条的发展，其中近洋航线增长显著，但国际航线的班轮密度却下降明显，由 2002 年的 212 班/月降到 2013 年的 44 班/月；二是张家港港、南通港自 20 世纪 90 年代初国际航线不断减少，其中远洋航线全部被上海港、宁波港等条件优越的港口袭夺，与此同时班轮密度也在不断降低，单位时间内由港区发出的集装箱班轮数量分别由 2002 年的 132 班/月、136 班/月下降至 2013 年的 44 班/月、16 班/月。数据表明，长江沿岸早期直接对外联系的南京港、张家港港、南通港的外贸枢纽功能在不断退化，逐渐转向经营沿海航线和长江支线，为上海港、宁波港等港口输送箱源。

（4）太仓港是 1996～2013 年国际航线班轮密度唯一实现增长的长江沿岸港口。由上述分析可知，长江沿岸的南京港、张家港港、南通港等几个早期对外贸易港口在班轮航线和班轮密度方面均有不同程度的下降，但太仓港却表现出相反的发展态势，国际航线由 20 世纪 90 年代 0 条，增长至 2013 的 17 条，主要运输苏州、无锡等腹地前往日韩航区的货物，班轮密度也由 2002 年的 24 班/月发展至 2013 年 80 班/月。作为上海港北翼的集装箱组合港，太仓港近年来的班轮密度获得较快发展，在进一步集聚货运代理、货主和班轮公司，吸引集装箱班轮航线挂靠服务等方面拥有较大发展潜力。

4.3.2　沿海航线班轮密度演化

沿海班轮航线只能反映出沿海各港口之间是否存在联系，而沿海航线班轮密度不仅可以反映沿海港口之间是否存在联系，而且可以进一步折射出港口之间联系的强度，班轮密度越高说明港口间的联系强度越大（表 4.17）。

表 4.17　1996～2013 年长江三角洲集装箱沿海航线班轮密度演化　　（单位：班/月）

港口	1996 年	2002 年	2007 年	2013 年
大连港	132	668	312	168
天津港	240	768	228	256
青岛港	176	848	312	240
上海港	568	1528	696	800
宁波港	132	396	408	460
南京港	136	164	48	64
太仓港	0	4	40	76
张家港港	132	112	72	46
常熟港	0	0	0	0
江阴港	4	32	24	60
南通港	48	156	60	48
扬州港	8	32	32	44
镇江港	48	52	8	0
泰州港	0	0	6	12
嘉兴港	0	0	0	16
厦门港	236	696	224	232
深圳港	368	432	408	304
广州港	524	1004	224	84
香港港	3172	3576	1524	1596
高雄港	—			

注："—"表示资料无法获取

（1）香港港班轮密度始终位居首位，中转枢纽职能突出。从发展速度来看，1996～2013 年沿海主要集装箱港口的沿海航线班轮密度呈较大波动，2002 年普遍发展至最高水平，2002～2013 年或不断下降或缓慢增长，如大连港、天津港、青岛港、上海港、厦门港、香港港、深圳港等港口，仅有宁波港一港始终保持增长态势，至 2013 年沿海航线班轮密度发展为 460 班/月，仅次于香港港 1596 班/月和上海港的 800 班/月，位居全国第三。但从班轮密度总量来看，虽然香港港近年来一直处于下降趋势，但始终高居首位，是沿海航线班轮货物重要的中转地，贸易中转港的地位短时间内国内其他港口还无法取代，这与国际航线班轮密度格局差异巨大；此外，发展至 2013 年，上海港、宁波港两港的班轮密度已远远超过香港港之外的其他港口，在沿海集装箱班轮网络中表现出巨大的揽货和中转能力。

（2）沿海航线覆盖了长江三角洲 12 个港口中的 10 个，总体上趋向均衡分布。表 4.17 数据表明，沿海航线集装箱班轮网络正在或曾经覆盖了长江三角洲 12 个主要集装箱港口中的 10 个，其中常熟港由于发展较晚，集装箱港口开港以来一直经营与上海港之间的长江支线。10 个港口的班轮密度增长情况差异显著，上海港、宁波港、太仓港、江阴港、扬州港、嘉兴港的班轮密度总体上不断增长，而南京港、张家港港、南通港、镇江港却表现出相反的态势，其中镇江港逐渐退出沿海航线的经营，转向长江支线的组织和管理。总体来看，班轮密度由 20 世纪 90 年代的集中于上海港、宁波港、南京港、张家港港等少数港口逐步均衡于长江三角洲各港口，发展至 2013 年长江沿岸各港口的班轮密度分布在 40～80 班/月，差距不断缩小。此外，长江沿岸港口与沿海香港港、深圳港、青岛港等港口的联系表明上海港并非是长江三角洲货物出口的唯一门户，在货源竞争方面，上海港仍面临巨大压力。

4.3.3 长江支线班轮密度演化

（1）1996～2013 年，长江沿岸港口集装箱班轮密度获得普遍快速发展。20 世纪 90 年代以来，长江三角洲地区经济快速发展，生产资料和产品运量的大幅度增加推动了长江沿岸港口和运输企业的发展，码头运营商、货运代理、无船承运人、班轮公司等企业的集聚带动了班轮运输的发展，沿岸各港口班轮密度也得到较大幅度提高。1996 年上海港、张家港港、南京港、南通港等港口的班轮密度均小于 32 班/月，经过 1996～2013 年的发展，2013 年上海港的长江支线班轮密度高达 716 班/月，位居第一等级；南京港、太仓港等港口的班轮密度分别为 160 班/月、196 班/月，位居第二等级；张家港港、南通港等港口的班轮密度分别为 80 班/月、80 班/月，位居第三等级；常熟港、江阴港、镇江港、扬州港等港口班轮密度均在 36～68 班/月，位居第四等级。

（2）在长江支线集装箱班轮运输网中上海港拥有很强的组织力和控制力，而宁波港缺乏长江支线的支撑，在揽货方面与上海港差距明显。上海港位于长江的入海口，与宁波港相比，长江沿岸货物通过长江运达世界选择中转港口时，上海港具有得天独厚的区位优势；与此同时，上海港通过上海国际港务（集团）股份有限公司在重庆港、武汉港、九江港、南京港、芜湖港等沿江港口投资建设或合作管理现代化集装箱码头，控制长江支线的挂靠港选择。从资料梳理发现，目前90%以上长江支线的始发港或目的港均为上海港，即长江沿岸货物的出口基本都选择上海港作为中转出口港，上海港对于沿江货物流向和长江支线网络具有很强的控制力。表 4.18 显示宁波港、嘉兴港等长江三角洲港口缺少长江支线的喂给，腹地货物的流通主要依靠铁路和公路运输方式，与上海港享有的长江水运物流成本优势相比，尤其是在国家长江航道 12.5m 整治工程实施和洋山港建成通航的大背景下，宁波港只有通过进一步完善腹地交通网络、推进内陆无水港建设、提高服务水平和通关效率、降低港口作业费用等措施来吸引和集聚箱源。

（3）太仓港班轮密度显著发展，与南京港一起发展为长江集装箱班轮运输内河枢纽。基于水深、岸线、腹地、地缘等优势条件，加之江苏省的重点推动，太仓港成为长江三角洲地区发展最快的长江沿岸港口，在班轮航线和班轮密度等方面已全面超过南京港、张家港港、南通港等传统的长江沿岸内河枢纽港。2013 年太仓港长江支线班轮航线和班轮密度分别达到 65 条和 196 班/月，成功超过了南京港的 40 条和 160 班/月，并与张家港港、南通港、常熟港、江阴港、镇江港、扬州港等其他港口拉开距离，未来发展的潜力巨大。目前，太仓港已与南京港一起发展为长江支线的内河枢纽，成为长江沿岸仅次于上海港的二级枢纽。

表 4.18　1996～2013 年长江三角洲集装箱长江支线班轮密度演化

港口	1996 年		2002 年		2007 年		2013 年	
	班轮航线/条	班轮密度/(班/月)	班轮航线/条	班轮密度/(班/月)	班轮航线/条	班轮密度/(班/月)	班轮航线/条	班轮密度/(班/月)
上海港	8	32	23	132	58	164	172	716
宁波港	0	0	0	0	0	0	0	0
嘉兴港	0	0	0	0	0	0	0	0
太仓港	0	0	0	0	23	52	65	196
常熟港	0	0	2	8	7	28	6	36
张家港港	7	28	6	24	8	36	12	80
南通港	5	20	4	24	7	28	11	80
江阴港	1	4	0	0	0	0	5	48
泰州港	1	2	1	4	2	11	4	32
镇江港	1	4	2	12	5	20	9	68
扬州港	1	4	2	12	3	12	6	36
南京港	5	20	7	40	19	56	40	160

续表

港口	1996 年		2002 年		2007 年		2013 年	
	班轮航线/条	班轮密度/(班/月)	班轮航线/条	班轮密度/(班/月)	班轮航线/条	班轮密度/(班/月)	班轮航线/条	班轮密度/(班/月)
芜湖港	1	4	3	12	4	16	5	36
九江港	0	0	2	8	4	16	8	92
长沙港	0	0	1	4	0	0	6	48
岳阳港	0	0	0	0	0	0	5	28
武汉港	1	4	4	16	9	48	16	168
黄石港	0	0	0	0	0	0	5	32
宜昌港	0	0	2	8	0	0	5	32
荆州港	0	0	1	4	0	0	5	40
重庆港	1	4	3	12	2	8	15	96

总体来看，长江流域已形成以上海港为门户，以太仓港、南京港、武汉港为枢纽，沿岸其他集装箱港口为喂给的集装箱班轮航运网络结构，其中长江下游长江三角洲地区基本形成上海港为龙头，太仓港和南京港为干线港，其他集装箱港口为支线喂给港的集装箱班轮网络结构。

4.4 基于集装箱班轮航线的港口通达性时空演化

班轮航线通过不同班轮密度的船舶将长江三角洲港口与世界其他集装箱港口相连，上述航线规模和班轮密度数理统计并未能反映一个港口联系其他港口的数量，而通达性指标是反映港口体系中不同港口集装箱组织能力和空间通达性的重要指标。因长江三角洲集装箱港口体系涉及远洋航线和近洋航线的港口较少，故在分析港口通达性时将远洋航线和近洋航线合并，统称为国际航线。这里采用港口覆盖率指标来衡量港口的服务范围、市场占有率和在全球集装箱班轮网络中的通达水平。

$$\mathrm{PA}_i = P_i / \sum_{i=1}^{n} P_i \tag{4.7}$$

式中，PA_i（port accessibility）为港口 i 的通达性；P_i 为港口 i 联系世界其他港口的数量；n 为区域主要集装箱港口的个数。基于国际班轮航线、沿海班轮航线和长江班轮支线港口通达性的计算结果如下。

4.4.1 基于国际班轮航线的港口通达性演化

上海港、宁波港、香港港、深圳港等港口是我国集装箱班轮网络服务范围最广的 4 个港口，与世界港口联系的数量均超过了 200 个（表 4.19），其中上海港通达性最高，联系港口数 266 个，覆盖率达 90.17%，宁波港、香港港、深圳港的覆盖率分别达到 76.61%、70.17%、78.64%，在全球班轮航运网络中具有较高的通达水平，是全球性的枢纽港，国内其他港口能否和上海港、香港港、宁波港、深圳港等港口形成班轮链接，对其发展至关重要。大连港、天津港、青岛港、厦门港、高雄港 5 个港口联系港口数量均高于 90 个，通达性较高，服务范围较广，这也证实了上述 5 个集装箱港口在全球班轮网络中拥有重要地位。总体来看，联系港口数量较高，即港口通达性较高的港口主要分布在长江三角洲和珠江三角洲地区，其次是环渤海地区，这与前述的班轮航线和班轮密度的空间分布格局基本吻合，同时也契合了我国宏观经济格局。

太仓港、南京港、张家港港、南通港等长江三角洲港口在国际集装箱班轮运输中的通达水平较低，联系世界其他港口的数量均在 10 个以下，且大都集中在日韩地区，集装箱班轮运输服务范围较低。常熟港、江阴港、镇江港、扬州港、泰州港、嘉兴港等港口目前联系的港口主要集中在我国沿海和长江沿岸地区，与世界港口暂无集装箱班轮联系，其集装箱运输主要通过与上海港、宁波港、香港港、深圳港等国际枢纽港链接，在世界集装箱班轮网络中承担较低等级的喂给港职能。

从通达性的演化来看，宁波港的集装箱航运服务范围扩展最快，链接的世界港口数量由 1996 年的 11 个增长至 2013 年的 226 个，年均增长 18.28%，明显高于上海港 5.35% 的年均增长速度，但联系世界港口的绝对数却比上海港少 40 个，港口通达水平与上海港还有一定的差距。太仓港、南京港、张家港港、南通港等港口的通达港口个数变化不大，仅有小幅度的增加，但港口通达性水平却相对下降，表明国际集装箱班轮运输网络扩展主要体现在长江三角洲集装箱港口体系的上海港、宁波港两个国际枢纽港。

表 4.19　1996～2013 年基于国际班轮航线的长江三角洲港口的通达性变化

港口	2013 年		2007 年		2002 年		1996 年	
	港口数/个	覆盖率/%	港口数/个	覆盖率/%	港口数/个	覆盖率/%	港口数/个	覆盖率/%
大连港	99	33.56	62	25.10	95	46.34	18	14.88
天津港	109	36.95	71	28.74	107	52.20	24	19.83
青岛港	158	53.56	105	42.51	103	50.24	37	30.58
上海港	266	90.17	204	82.59	124	60.49	104	85.95
宁波港	226	76.61	160	64.78	108	52.68	11	9.09
太仓港	10	3.39	7	2.84	5	2.44	0	0
南京港	6	2.03	10	4.05	41	20.00	4	3.31
张家港港	6	2.03	6	2.43	30	14.63	4	3.31

港口	2013 年		2007 年		2002 年		1996 年	
	港口数/个	覆盖率/%	港口数/个	覆盖率/%	港口数/个	覆盖率/%	港口数/个	覆盖率/%
南通港	4	1.36	4	1.62	22	10.73	4	3.31
常熟港	0	0	0	0	0	0	0	0
江阴港	0	0	0	0	0	0	0	0
镇江港	0	0	0	0	0	0	0	0
扬州港	0	0	0	0	0	0	0	0
泰州港	0	0	0	0	0	0	0	0
嘉兴港	0	0	0	0	0	0	0	0
厦门港	125	42.37	76	30.77	68	33.17	12	9.92
广州港	41	13.90	19	7.69	35	17.07	8	6.61
深圳港	232	78.64	161	65.18	91	44.39	42	34.71
香港港	207	70.17	178	72.06	—	—	—	—
高雄港	94	31.86	57	23.08	—	—	—	—
覆盖港口总数	295		247		205		121	

注:"—"表示资料无法获取

4.4.2 基于沿海班轮航线的港口通达性演化

1996～2013 年,集装箱班轮网络在我国不断扩展和延伸,链接港口的数量由 1996 年的 39 个港口增加至 2013 年的 44 个(表 4.20),期间网络链接的港口数量出现小幅变动,但总体趋于平缓,说明 1996～2013 年来港口节点的调整并不是我国集装箱班轮服务网络发展的重点,其核心是班轮网络结构的优化和网络联系强度的提升,即班轮航线和班轮密度的布局与调整。

总体来看,沿海集装箱班轮航线港口通达性变化不大,港口覆盖率都在 65% 以下,其中上海港、香港港、天津港 3 个港口具有较高的通达水平,联系沿海港口的数量均超过 18 个。上海港达到 27 个,覆盖61.36%的沿海集装箱港口,三个网络中心分别布局我国北方、长江流域和南方,承担环渤海经济区、长三角经济区、珠三角经济区对外贸易的运输职能。结合前面的沿海班轮航线和班轮密度分析可知,三港口具有明显的差异,上海港的通达水平虽高于香港港,但班轮密度却远低于香港港,表明香港港的班轮网络虽不及上海港,但港口班轮密度具有较大优势,服务水平较高;天津港虽然港口覆盖率较高,但班轮航线和班轮密度与上海港、香港港存在较大差距。

　　宁波港链接的沿海集装箱港口数量仅有 11 个，排全国第 9 位，与前述位居前列的国际班轮航线和班轮密度形成较大反差，表明宁波港集装箱吞吐量基本以水陆中转为主，而水水中转能力较低。

　　太仓港、张家港港、江阴港、南京港、南通港、扬州港等港口与沿海港口联系的数量均在 5～10 个，腹地货物可由港口出发，直接绕过上海港通达至沿海枢纽港口，但结合前面的班轮密度分析可知，这些港口与沿海港口之间的联系较弱，班轮密度较低。常熟港、镇江港、泰州港、嘉兴港等长江三角洲其他港口的集装箱班轮运输服务范围较小，位居沿海集装箱班轮网络支线末端，为上海港、宁波港等枢纽港喂给箱源。

表 4.20　1996～2013 年基于沿海班轮航线的长江三角洲港口通达性变化

港口	2013 年		2007 年		2002 年		1996 年	
	港口数/个	覆盖率/%	港口数/个	覆盖率/%	港口数/个	覆盖率/%	港口数/个	覆盖率/%
营口港	15	34.09	7	19.44	8	17.78	3	7.69
秦皇岛港	6	13.64	3	8.33	2	4.44	2	5.13
大连港	14	31.82	17	47.22	17	37.78	5	12.82
天津港	18	40.91	9	25.00	16	35.56	7	17.95
龙口港	8	18.18	1	2.78	7	15.56	1	2.56
烟台港	3	6.82	2	5.56	4	8.89	4	10.26
威海港	1	2.27	3	8.33	2	4.44	1	2.56
青岛港	15	34.09	11	30.56	18	40.00	7	17.95
日照港	8	18.18	7	19.44	6	13.33	0	0
连云港港	5	11.36	8	22.22	6	13.33	2	5.13
上海港	27	61.36	12	33.33	33	73.33	13	33.33
宁波港	11	25.00	10	27.78	13	28.89	2	5.13
南京港	5	11.36	3	8.33	8	17.78	3	7.69
太仓港	8	18.18	1	2.78	3	6.67	0	0
张家港港	9	20.45	5	13.89	7	15.56	4	10.26
常熟港	3	6.82	3	8.33	2	4.44	0	0
江阴港	9	20.45	3	8.33	4	8.89	1	2.56
南通港	6	13.64	3	8.33	6	13.33	3	7.69
扬州港	5	11.36	2	5.56	4	8.89	1	2.56
镇江港	0	0	1	2.78	5	11.11	2	5.13
泰州港	3	6.82	0	0	1	2.78	0	0
嘉兴港	1	2.27	0	0	0	0	0	0

续表

港口	2013 年		2007 年		2002 年		1996 年	
	港口数/个	覆盖率/%	港口数/个	覆盖率/%	港口数/个	覆盖率/%	港口数/个	覆盖率/%
温州港	5	11.36	5	13.89	5	11.11	1	2.56
福州港	10	22.73	2	5.56	7	15.56	1	2.56
泉州港	12	27.27	10	27.78	9	20.00	1	2.56
厦门港	5	11.36	8	22.22	10	22.22	2	5.13
深圳港	5	11.36	11	30.56	12	26.67	2	5.13
汕头港	15	34.09	6	16.67	8	17.78	1	2.56
广州港	12	27.27	15	41.67	15	33.33	1	2.56
香港港	18	40.91	13	36.11	18	40.00	35	89.74
海口港	4	9.09	2	5.56	5	11.11	1	2.56
湛江港	1	2.27	3	8.33	4	8.89	1	2.56
覆盖港口总数	44		36		45		39	

4.4.3 基于长江班轮支线的港口通达性演化

作为横穿我国东、中、西地区的黄金水道，长江沿岸集聚大规模产业、城镇和人口，沿岸港口数量、规模等发展迅速，成为世界上港口最密集的内河之一（图 4.3）。本书选取上海港及长江沿岸的 29 个港口（太仓港、常熟港、张家港港、南通港、江阴港、宜兴港、泰州港、常州港、镇江港、扬州港、南京港、宜兴港、

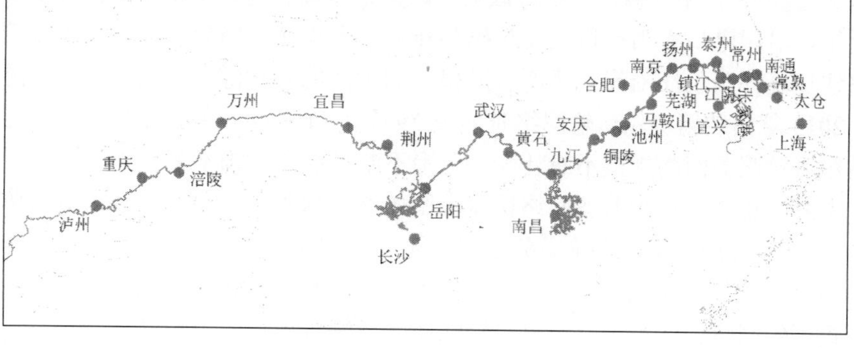

图 4.3 长江沿岸主要集装箱港口空间分布示意图

马鞍山港、芜湖港、合肥港、铜陵港、安庆港、池州港、九江港、南昌港、长沙港、岳阳港、武汉港、黄石港、宜昌港、荆州港、重庆港、万州港、涪陵港、泸州港）作为长江支线集装箱港口研究样本，分析 20 世纪 90 年代以来上海港、宁波港、南京港、太仓港、常熟港、张家港港、江阴港、南通港、镇江港、扬州港、泰州港、嘉兴港 12 个长江三角洲集装箱港口服务范围的演化，结果见表 4.21。

表 4.21　1996～2013 年基于长江班轮支线的长江三角洲港口通达性变化

港口	2013 年		2007 年		2002 年		1996 年	
	港口数/个	覆盖率/%	港口数/个	覆盖率/%	港口数/个	覆盖率/%	港口数/个	覆盖率/%
上海港	29	100.00	10	90.91	20	100.00	9	90.00
宁波港	0	0	0	0	0	0	0	0
南京港	27	93.10	6	54.55	10	50.00	5	50.00
太仓港	28	96.55	0	0	0	0	0	0
张家港港	9	31.03	4	36.36	4	20.00	5	50.00
常熟港	8	27.59	0	0	4	20.00	0	0
江阴港	7	24.14	0	0	0	0	1	10.00
南通港	8	27.59	3	27.27	6	30.00	6	60.00
镇江港	6	20.69	1	9.09	3	15.00	4	40.00
扬州港	7	24.14	2	18.18	5	25.00	2	20.00
泰州港	5	17.24	2	18.18	4	20.00	1	10.00
嘉兴港	0	0	0	0	0	0	0	0
覆盖港口总数	29		11		20		10	

20 世纪 80 年代，长江流域班轮运输开始兴起，90 年代集装箱班轮运输初显端倪，至 90 年代末集装箱班轮网络日渐兴起，1996 年集装箱班轮网络涵盖的集装箱港口达到 10 个，主要分布于长江下游等经济较为发达的省，如江苏、上海等。进入 21 世纪，在中央政府、地方政府、码头运营商、港务集团等多种力量的综合作用下，沿岸港口大力推进集装箱码头建设，发展集装箱内河运输，集装箱班轮网络快速延伸至长江沿岸几乎所有港口，如上游的宜宾港、泸州港、涪陵港等港口，2013 年集装箱班轮运输网络延伸至 29 个港口。1996～2013 年，长江三角洲集装箱班轮服务网络规模不断壮大、范围不断扩展、结构不断优化。

上海港集装箱班轮服务网络覆盖范围始终位居长江三角洲集装箱港口体系的首位，1996～2013 年，班轮服务范围均在 90% 以上，发展至 2013 年，集装箱班轮网络涵盖了长江流域上、中、下游等沿岸的所有集装箱港口码头，具有最高的集装箱班轮网络通达水平，是整个沿江地区货物进出口的中转枢纽。

太仓港是长江流域班轮服务网络扩展最快的港口，自 1996 年 11 月，通过国家一类口岸验收，对外国籍船舶开放，并于 1997 年 1 月 18 日正式开港以来，太仓港集装箱运输发展迅速。2003 年集装箱吞吐量仅 4.8 万 TEU，到 2006 年就突破 60 万 TEU，2007 年突破 100 万 TEU，2012 年突破 400 万 TEU，集装箱班轮网络不断延伸并涵盖了长江沿岸 29 个主要集装箱港口中的 28 个，吸引马士基、地中海航运、达飞海运、长荣海运、中远集运等世界前 20 强班轮公司入驻，开展班轮运输业务，初步形成武汉以下港口至太仓港的长江专线集装箱班轮网络，正努力发展成为国内最大的江海中转港。

南京港历史悠久，自古以来一直是长江沿岸重要的江海中转、水陆中转、货物集散和对外开放的港口，如三国时的军港、元代的运粮港、现代的煤石油港等。在集装箱运输技术推广并盛行的大背景下，1987 年南京港成立中美合资的南京国际集装箱装卸有限公司，成为当时我国内河专业化程度最高的集装箱港口，之后一直在长江流域承担着重要的江海集装箱中转枢纽港的职能，从表 4.21 可以清晰地看出，1996~2013 年南京港在长江三角洲乃至长江流域集装箱港口体系中的网络枢纽地位。

受长江班轮支线集中并集聚于上海港、南京港、太仓港等枢纽港的制约和竞争压力的影响，南通港、张家港港等港口集装箱班轮服务范围萎缩地较为明显，20 世纪 90 年代，南通港、张家港港的港口通达水平均在 50% 以上，与南京港一起承担着沿岸重要的水陆中转、水水中转枢纽的职能，截至 2013 年两港链接的港口虽有小幅度的增加，但港口通达水平却下降到 27.59% 和 31.03%，明显低于南京港和太仓港。

常熟港、江阴港、镇江港、扬州港、泰州港等港口链接的长江沿岸集装箱港口数均在 5~8 个，通达水平处于长江三角洲长江沿岸港口的最低级别，主要服务于腹地的货物运输，基本不承担来自上游货物的水水换装职能。此外，宁波港、嘉兴港等沿海港口目前基本无长江内河港口链接。

4.5 集装箱班轮航线空间联系格局与演化

4.5.1 集装箱班轮航线总体空间联系格局

从 1996~2013 年的空间联系格局（图 4.4）可以看出，20 世纪 90 年代长江三角洲基本以上海港为主，集装箱班轮航线一般在长江三角洲港口群仅挂靠上海港，挂靠宁波港航线非常少，此时上海港和宁波港之间的关系是枢纽港与支线港的喂给联系。发展至 21 世纪，这种格局发生较大变化，选择在上海港挂靠的近远洋班轮航线 80% 以上同时挂靠宁波港，原来主要依托喂给航线联系的港口间关系演化为依托干线联系的枢纽港关系。此外，宁波港除与上海港班轮联系紧密外，与长江三角洲其他港口联系较少，如嘉兴港、太仓港、南京港等，有限的航线中班轮密度也很低，基本维持在两三班/周。总体来看，基本形成以上海港为轴、其他港为辐的轴-辐班轮航运网络结构，其中在喂给港中，南京港、张家港港、南通港、太仓港 4 个港口等级较高，承担长江沿岸货物水水中转的职能。

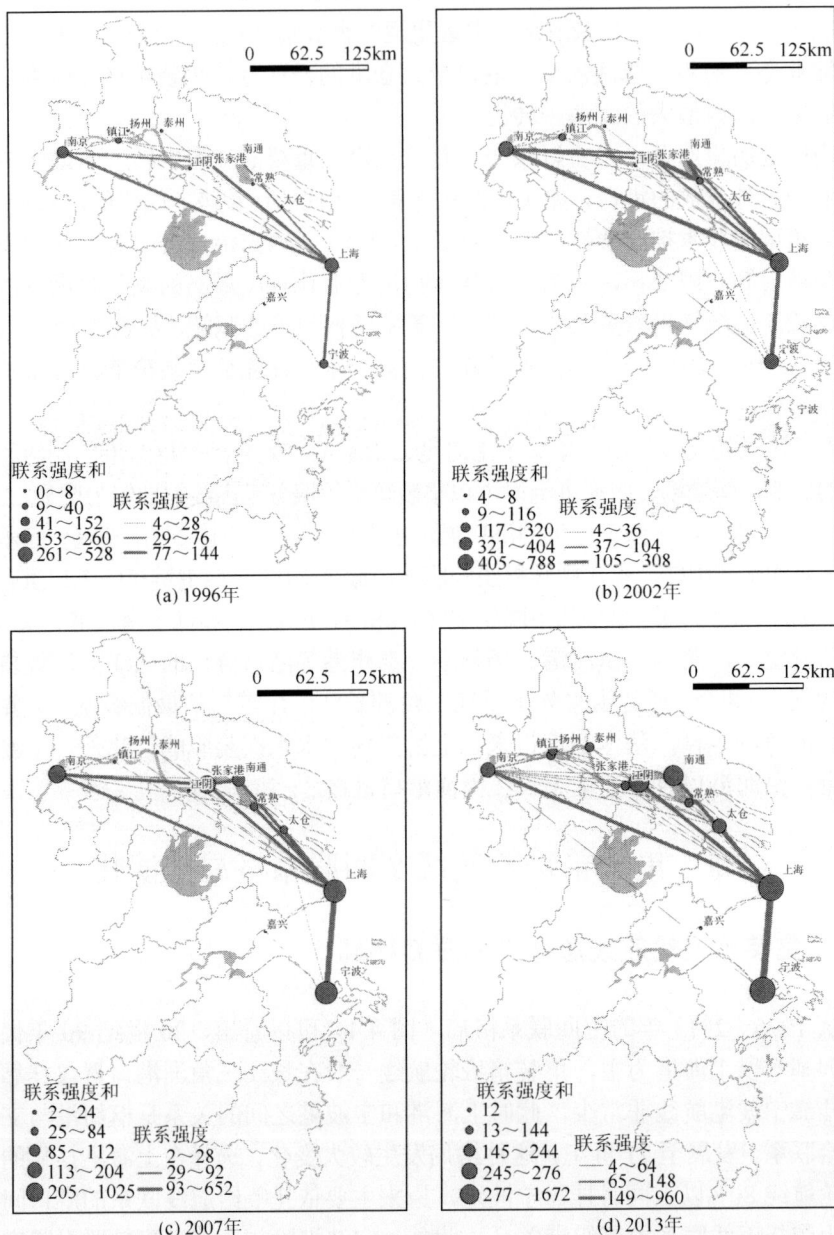

图 4.4　1996 年、2002 年、2007 年、2013 年长江三角洲集装箱班轮航线空间联系格局

4.5.2 集装箱远洋班轮航线空间联系格局

1996～2013 年，长江三角洲集装箱远洋班轮航线逐渐集聚于上海港与宁波港两港口（图 4.5），表现出明显的集中态势。"九五"至"十五"，南京港、张家港港、南通港等港口作为长江三角洲对外联系的重要港口，每月都有定期集装箱班轮通往欧洲、北美等地，如 2002 年南京港维持在 56 班/月、张家港和南通港均可达到 24 班/月。但发展至"十一五""十二五"，集装箱远洋班轮航线基本全部集中于上海港和宁波港两个枢纽港，班轮密度在 650 班/月以上。同时也说明上海港、宁波港作为远洋班轮航线的首靠港或尾靠港而并存。

4.5.3 集装箱近洋班轮航线空间联系格局

总体来看，长江三角洲集装箱近洋班轮航线的空间联系比较零乱（图 4.6），但也呈现出一定的特征，具体表现在：①上海港、宁波港之间近洋班轮航线联系密切，表明近洋班轮航线一般同时选择挂靠这两港；②近洋班轮航线挂靠的集装箱港口数量多于前述经营远洋班轮航线港口规模，且上海港并非是所有近洋班轮航线必须停靠的港口，班轮可直接由南京港、张家港港或南通港出发，到达日本

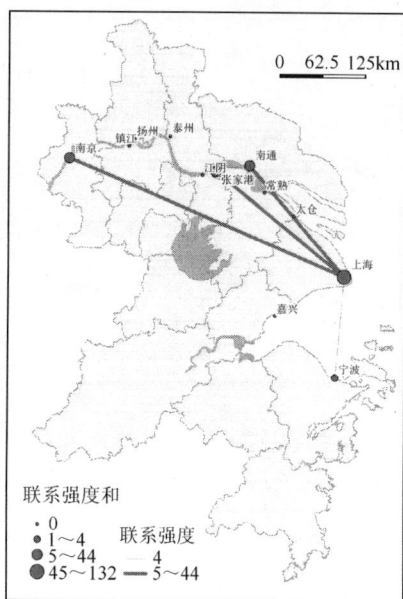

(a) 1996年

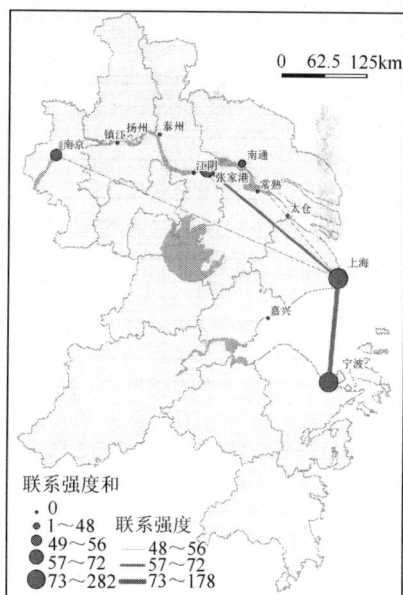

(b) 2002年

(c) 2007年

(d) 2013年

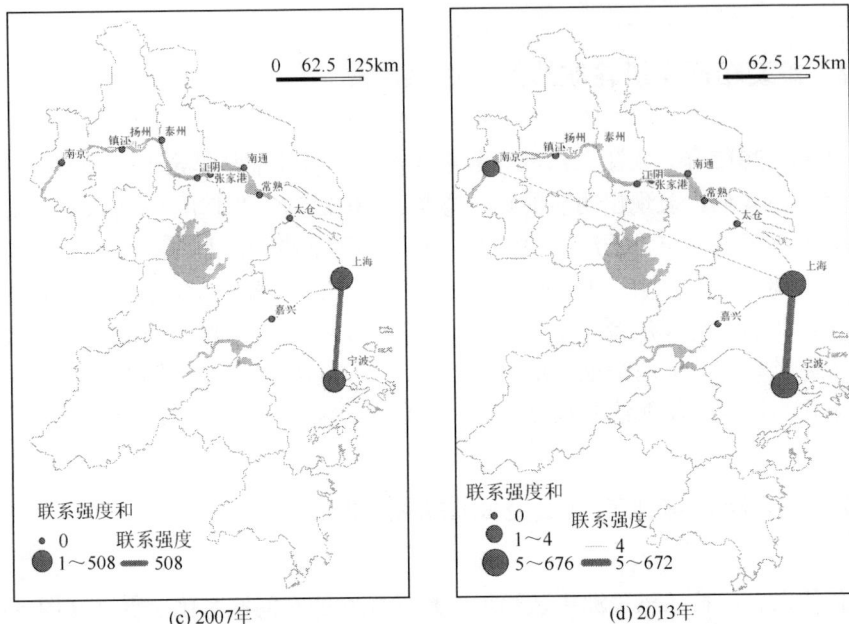

图 4.5　1996 年、2002 年、2007 年、2013 年长江三角洲集装箱远洋班轮航线空间联系格局

的横滨港、韩国的釜山港、澳大利亚的布里斯班港等；③南京港、张家港港始终是长江三角洲近洋班轮航线重点挂靠的港口，其中南京港与上海港之间班轮联系较为密切，而张家港港联系较少。

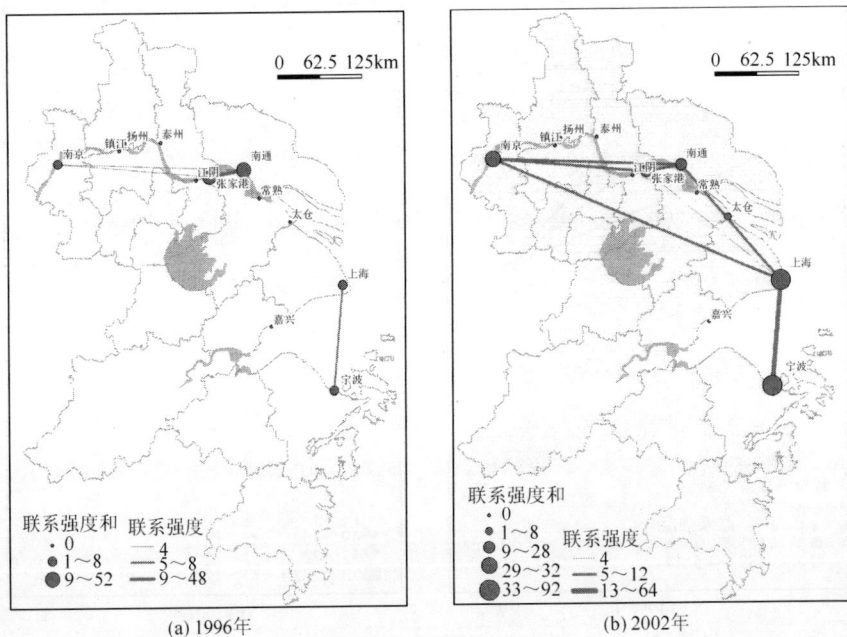

(a) 1996年

(b) 2002年

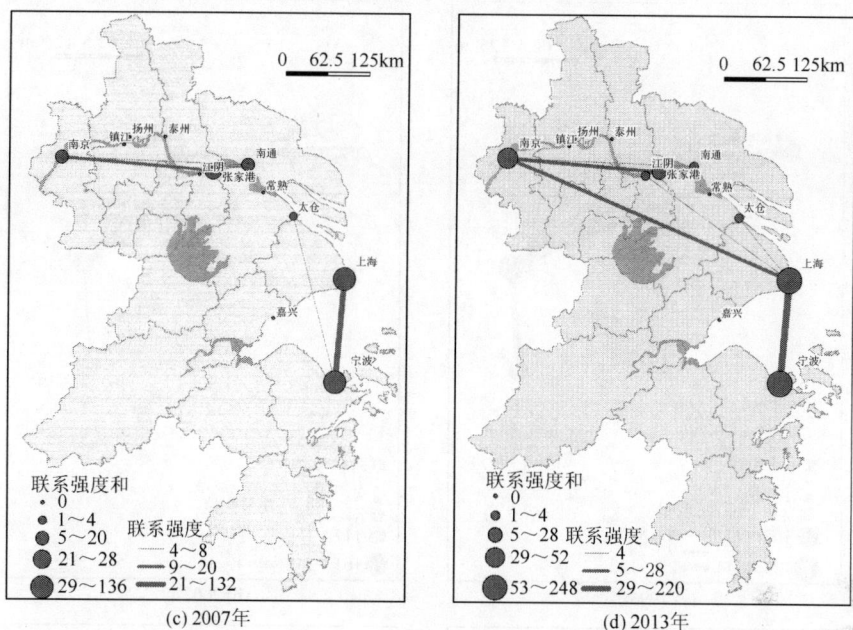

图 4.6 1996 年、2002 年、2007 年、2013 年长江三角洲集装箱近洋班轮航线空间联系格局

4.5.4 集装箱沿海班轮航线空间联系格局

宁波港与上海港之间的沿海班轮航线联系逐渐变弱（图 4.7），表明宁波港由 20 世纪 90 年代的上海喂给港，逐渐成长为上海港的组合枢纽港，两港之间的班轮联系逐渐演化为前述的近远洋班轮航线，宁波港的地位上升明显。此外，长江沿岸其他港口经营的沿海班轮航线数量缩减的较为明显，基于沿海班轮航线的港口间联系强度逐渐变弱，表明沿江港口与沿海港口之间的班轮联系逐渐转化为经上海港的中转班轮航线，下述长江班轮支线的快速发展是最好的佐证，各港口逐渐转为经营长江班轮支线。总体上来看，南京港、扬州港、张家港港、南通港、宁波港等港口与上海港之间的联系较为密切，上海港是长江三角洲港口联系沿海港口的中转枢纽。

4.5.5 集装箱长江班轮支线空间联系格局

1996~2013 年，长江班轮支线获得飞速发展，形成了以上海港为枢纽的轴-辐式班轮网络结构，上海港在长江班轮支线网络中的地位不断提升和强化，对长江班轮支线拥有较强的网络组织和调整能力（图 4.8）。与此同时，在班轮支线不

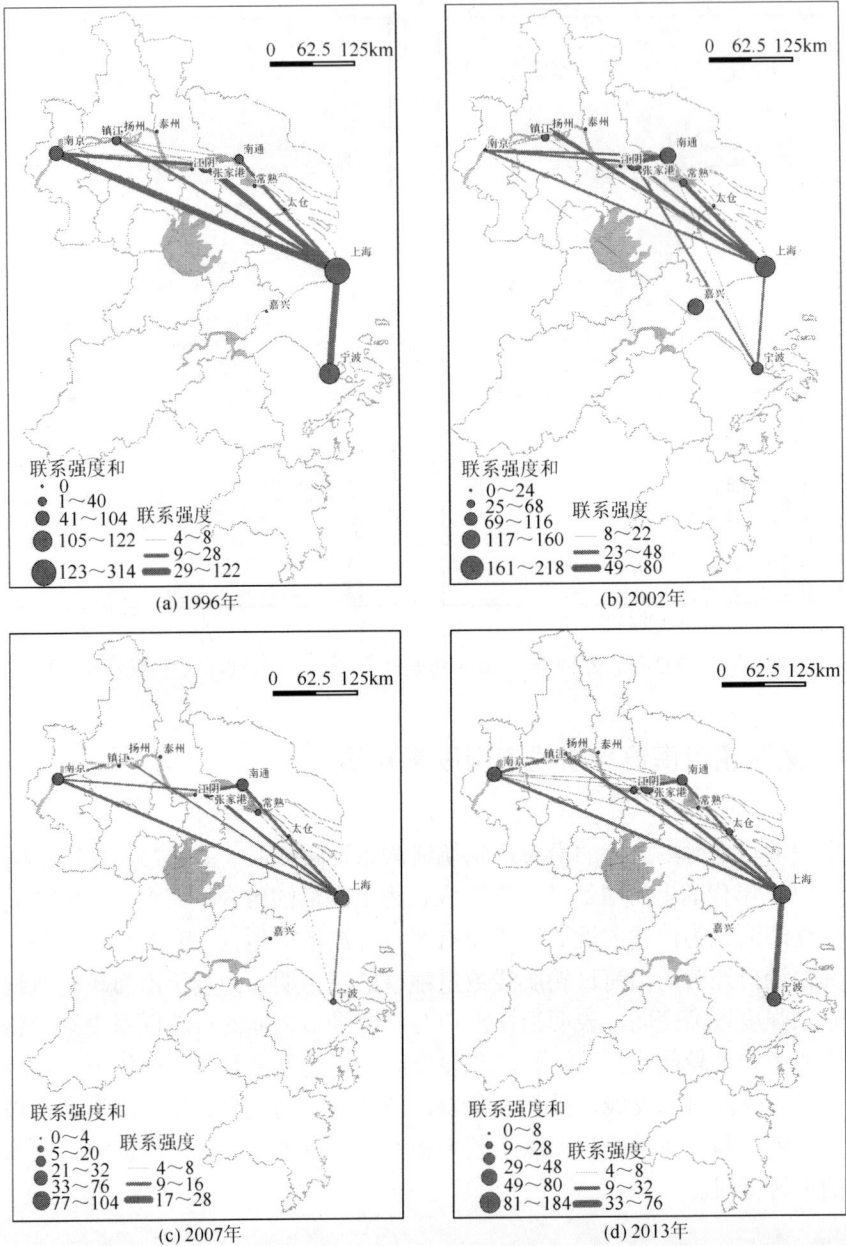

图 4.7　1996 年、2002 年、2007 年、2013 年长江三角洲集装箱沿海班轮航线空间联系格局

断调整和完善的过程中，沿江港口的职能不断分异和演化，南京港、张家港港、南通港、太仓港的班轮联系强度位居前列，具有较强的水水中转能力；而镇江港、扬州港、江阴港、常熟港、泰州港等港口的班轮密度较低，与上海港和其他港口

的联系较弱。此外，沿江港口的班轮支线基本表现出与上海港的单面联系，与其他港口的班轮支线联系强度较低，表明在长江沿岸港口之间的班轮组织和班轮网络结构还有待进一步优化和完善。

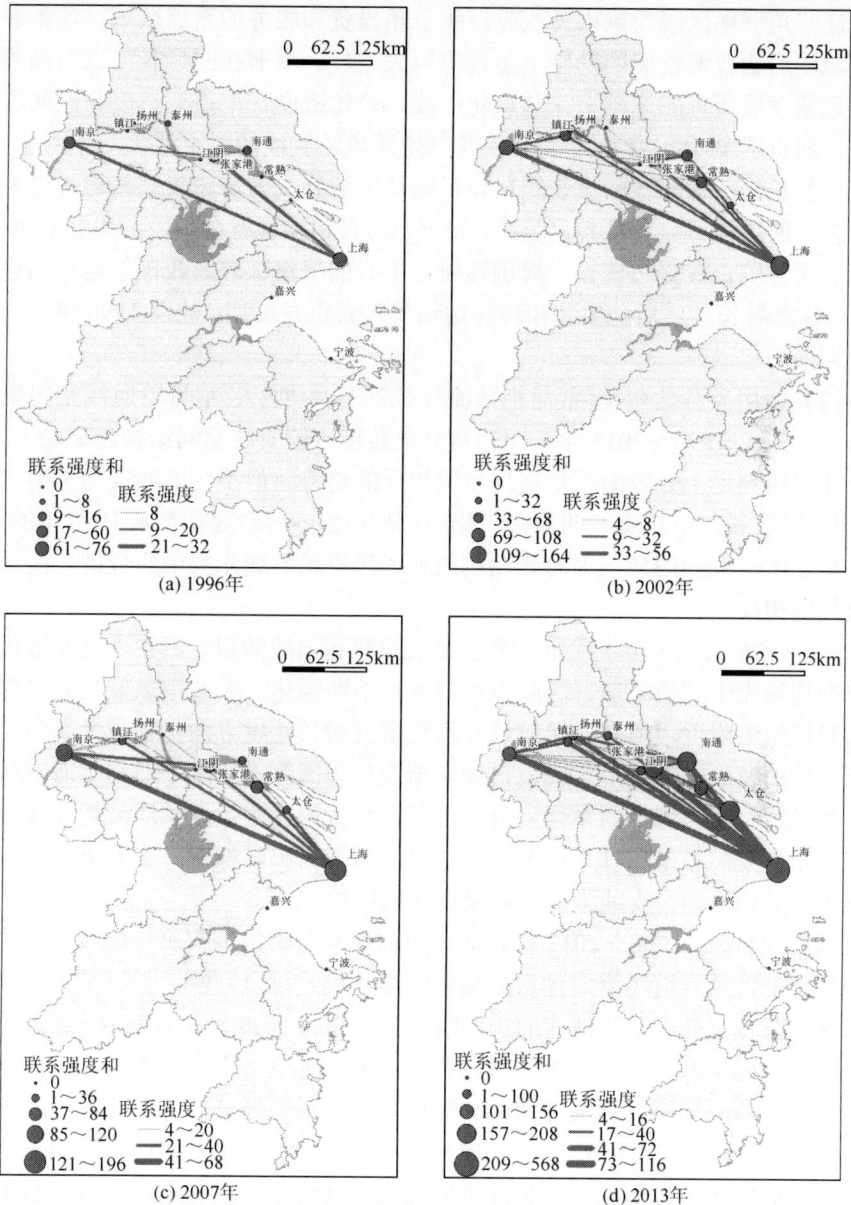

图4.8 1996年、2002年、2007年、2013年长江三角洲集装箱长江班轮支线空间联系格局

4.6 小　　结

20 世纪 90 年代以来，随着长江三角洲地区经济与对外贸易发展，巨大箱源使长江三角洲地区成为国内外班轮巨头争相投资和服务的重点区域，各集装箱港口在班轮运输普遍发展的基础上呈现出巨大差异。本书在回顾长江三角洲集装箱班轮运输发展历程的基础上，从班轮航线、班轮密度、港口通达度与空间联系等角度，探析了 1996～2013 年长江三角洲地区班轮航线的时空演化。

（1）长江三角洲地区集装箱班轮运输从酝酿到成为班轮集装箱运输最为发达地区之一的历程可分为准备、萌芽、发展、勃兴和整合五个阶段，其中 1996 年党中央、国务院正式提出建设上海国际航运中心的战略部署及我国航运市场进一步开放，标志着长江三角洲集装箱班轮运输步入真正发展期，故以 1996 年作为本书研究期限的起点。

（2）运用赫芬达尔-赫希曼指数测算长江三角洲集装箱班轮航线空间集聚程度，结果显示，1996～2013 年长江三角洲集装箱班轮航线空间结构总体趋于集中，与长江三角洲趋于分散的箱量格局呈现相反的趋势。但不同航线类型呈现出不同的变化特征。长江班轮支线明显趋于集中，赫芬达尔-赫希曼指数从 1996 年的 0.212 增加至 2013 年的 0.357，沿海班轮航线和近洋班轮航线先集中后分散，而远洋班轮航线则相反。

（3）1996～2013 年上海港在各类集装箱班轮航线数量、班轮密度及港口覆盖率方面均领先于其他港口，国际枢纽港地位不断强化。宁波港虽然地处上海国际集装箱枢纽港附近，但在班轮航线和班轮密度增长速度方面仍超越上海港，经过近十几年的发展，宁波港客观上已经逐渐成长为国际枢纽港。但与上海港相比，在各类航线组织与班轮联系强度方面还存在较大的差距。在长江班轮支线方面，长江三角洲集装箱港口体系已基本形成以上海港为国际枢纽，太仓港和南京港为干线港，其他港口为支线港的集装箱班轮网络结构。

（4）综合考虑 1996～2013 年长江三角洲地区各类集装箱班轮航线及班轮密度的演化特征，结合前述港口体系航运网络演化模式可以判断，长江三角洲集装箱班轮网络总体上处于演化模式的第四阶段。未来 10 年或更长时间内，近远洋班轮航线将继续向宁波港、洋山港转移，并以洋山港为主，而上海港发展重点转向航运价值链顶端的高端航运服务业，如航运金融、船舶经济等；宁波港的近远洋班轮航线将持续增长，与洋山港一并成为长江三角洲地区重要的门户枢纽，承担区域内货物的中转与运输职能；长江班轮支线继续优化，太仓港、南京港承担起长江班轮支线网络的枢纽职能，与其他港口一并成为上海港和宁波港的支线喂给港。

5 长江三角洲集装箱班轮网络挂靠港选择及形成机理

港口选择是班轮公司布局、增撤、转移班轮航线的重要步骤,探究班轮网络挂靠港选择的内在机理是解释班轮公司航运网络时空变化的重要内容。本章在回顾相关学者研究成果的基础上,结合前述理论分析,遴选影响班轮公司在长江三角洲地区港口选择及变化的主要因素,通过多元线性回归模型计算各要素的贡献率,确定影响1996~2013年在长江三角洲地区班轮公司航运网络变化的关键要素,最后通过上海港、宁波港、南京港等主要港口及马士基、中远集运、中海集运、地中海航运、民生轮船等班轮公司的访谈和问卷等进行验证,以期为长江三角洲地区各港口有针对性地完善服务水平,吸引并集聚班轮公司挂靠服务,提高港口竞争力提供帮助。

5.1 集装箱班轮航线挂靠港选择的影响因素

综合本书前述的理论分析和已有研究成果,考虑长江三角洲集装箱港口体系实情,确定港口基础设施、箱量规模、港口效率、港口费用、配套产业、扶持政策等作为影响班轮公司集装箱班轮网络在长江三角洲地区靠港选择、撤离、转移的主要因素。

5.1.1 基础设施

集装箱港口的基础设施主要包括码头泊位、航道、装卸桥、集装箱堆场、集卡、门吊、空箱堆高机等,码头泊位的多少、航道的水深、装卸桥的效率、堆场的规模、集卡的数量等是影响停靠船舶规模、货物装卸时间的重要因素。一个集装箱港口是否具备充分的现代化港口设施是提高港口装卸效率,缩短船舶在港时间,吸引货主、集聚箱源的基本保障。随着集装箱技术的推广和盛行,港口基础设施的设备与技术日趋均衡化,尤其是我国的集装箱码头基本都配备了现代化的集装箱装卸设施和控制系统,但各港口在基础设施数量、工作效率、服务水平等方面存在较大差异。

5.1.2 箱量规模

作为航运服务产品的主要提供者,运费是班轮公司收入的主要来源,大量货运需求则是运费收入的可靠保证，也是班轮公司进行航线规划和港口选择时考虑的重要因素。班轮公司在作出开辟航线、撤销航线或调整航线的决策前，对航区箱量和流向的判断是最先考虑的重要因素。例如，某航线经由的航区和挂靠的港口箱量发展前景乐观，为抢先培育和占领市场，即使暂不获利，班轮公司也会选择该港口开辟航线；有时虽对已有航线箱量不乐观，班轮公司宁可优化航线或削减运力，等待转机，也不会退出已有市场。在全球化的今天，贸易格局日新月异，开辟新航线或调整已有航线越加频繁，但靠泊港口的箱量始终是航线布局与调整重点考虑的因素，箱量充足，班轮舱位利用率高，运价随之上升；反之，箱量不足，舱位利用率下降，也必然导致运价下降。

5.1.3　港口效率

港口效率对缩短船舶在港停靠时间，降低运输成本起着重要作用，是影响班轮公司选择挂靠港的重要因素之一，港口效率一般包括港口装卸效率、辅助系统效率及集疏运系统效率三个方面。

5.1.3.1　港口装卸效率

集装箱班轮航线对靠泊港的集装箱规模具有较高要求，与此同时，对港口装卸效率也提出了较高要求。若港口装卸效率低，船舶在港时间增加，其航运成本就会上涨，带来规模不经济。经验表明，一定的运距和航速条件下，班轮运力随着装卸效率的提高而增加，吨位越大，运力增加的越明显。从运输成本来讲，随着港口装卸效率的提高，船舶合理吨位也随之增大，进而能够实现规模经济。因此，港口是否具有较高的装卸效率对班轮公司具有较大的吸引力。

5.1.3.2　辅助系统效率

集装箱船舶只有通过海关、商检等相关职能部门的查验、征缴税费后才能靠泊挂靠港进行装卸作业，即口岸通关。口岸通关涉及许多运输单证和贸易单证的流转和信息的流通，手续复杂，工作效率也因港而异。货物进出口通关速度是货主选择运输路径的一个重要标准，尤其是对时间要求严格的特殊货种。通关效率高的港口会吸引更多的货主，表现出较强的揽货能力；反之，港口会流失货源。货主的港口选择影响港口箱量的分布格局，进而影响班轮公司班轮航线挂靠港的选择。枢纽港因中转箱量巨大，对通关的速度和精度具有更高的要求，是否具备发达的通信网络，能否提供动态跟踪、查询等信息服务，准确迅速地实现船舶和货物的通关，是班轮公司布局规划航线的重要因素。

5.1.3.3 集疏运系统效率

港口是干线与支线、陆路与水路的中转点，也是大量货物的集散地，其在整个班轮网络中承担着重要的缓冲作用。干线船舶卸下集装箱货物到港后并不意味着运输活动的结束，暂时存放在集装箱堆场，安排支线运输中转或是直接通过公路或铁路送达到内陆站点或收货人处。船舶和货物如若不能及时疏散，滞留在港口将产生额外的停泊费、堆场使用费及管理费、集装箱租赁费等，大大增加班轮公司的运营成本，港口是否具备畅通的支线运输系统也是班轮公司选择干线挂靠港时重点考虑的因素。

5.1.4 港口费用

港口费用是船舶或货物进出港口停泊期间，由于使用港口提供的设施和服务，而向港口有关部门支付的全部费用的总称。不同港口的港口费用种类差异明显，而且数目繁多。例如，按船舶吨位征收的船舶吨税和按船舶总（净）吨收取的引水费、港务费、系解缆费，以及班轮的拖轮费、码头费、货物装卸费等，而且计算标准也千差万别。例如，拖轮费有的根据船舶大小、拖轮马力使用时间收费，有的则采用包干费率的办法；吨税有的按照总吨每港次收取，有的采用包干方式收取。一般情况下，集装箱航线成本构成中，班轮航行期间发生的费用约占 20%，港口费用约占一次航行费用总和的 80%，其中大部分为集装箱装卸费。班轮公司在最初航线规划时，港口费用种类、费率高低等是决定航次成本的重要因素，也是决定是否停靠该港的重要参照依据。

5.1.5 配套产业

全球化背景下，港口作为全球经济网络中的节点，其重要性尤为突出，不仅承担着水陆换装、水水中转的口岸门户职能，还集聚了大量的商业、物流、金融、仓储等配套的口岸服务业。发达的现代港口服务业提供高效的物流区位条件和便捷优越的贸易环境，必然吸引大型基础产业（如冶金、石化等）、高端制造业（如汽车、航天航空、装备制造等）、大宗商品交易，以及信息、咨询、代理、租赁、金融和法律等服务业的集聚，推动港口、港城乃至港口腹地经济发展。口岸服务业按其与港口的关联程度可以分为港口直接产业（如装卸、理货、船代、货运代理、拖船、引航等）、港口共生产业（如物流仓储、物流信息服务、船舶交易、租赁等）、港口依存产业（如港口机械制造、船舶修造、船员培训等）、港口关联产业（如金融、保险、法律服务等）。其中港口直接产业和依存产业是港口口岸服务业的基本主业，港口间差异日渐缩小，而港口关联产业和共生产业（如金融、保险、物流业）成为衡量港口服务和竞争力差异的主要因素。

5.1.6　扶持政策

港口禀赋都存在"硬优势"和"软优势"两个方面，"硬优势"是指前述的港口地理位置、水深状况、腹地箱源、距离远洋干线远近等客观条件；而"软优势"则是指政策、法律、制度等内容。在全球港口"硬优势"趋于平衡的背景下，"软优势"日渐成为吸引班轮公司是否挂靠服务的新的关键因素。例如，2013 年 8 月我国政府批准设立的上海自由贸易区政策，扩大保税船舶登记试点规模，加快机场区港一体化步伐，做大洋山保税港区国际中转拼箱业务等；德国政府鼓励民间共同投资组建航运资产投资实体，用所筹资金订造的新船，再租给班轮公司经营获利，可以减免投资人所得税；新加坡政府运用海运信托基金，鼓励扶持航运事业快速发展，承诺政策优惠期内海运信托基金买下的船只所赚取的租赁收入，豁免缴税；中国香港特别行政区对航运业的扶持政策也十分强劲，如对航运物流企业免征营业税，而且此项政策永久不变，无须特许。各港均试图通过扶持政策的差异来吸引更多的班轮公司靠泊服务，形成班轮网络优势，提升自身港口的全球集装箱班轮网络地位。

5.2　集装箱班轮网络空间演化机理回归分析

5.2.1　变量分析

5.2.1.1　长江三角洲集装箱港口体系基础设施分析

中华人民共和国建立初期，我国港口淤积、码头失修，全国（除台湾地区外）仅有万吨级泊位 60 个，港口运输几近瘫痪。20 世纪七八十年代，对外贸易发展迅速，外贸海运量增长迅速，港口运输明显不足，船舶压港、压货、压车情况重。1973 年周恩来总理提出"三年改变港口面貌"的口号，港口建设热潮掀起。在此背景下集装箱码头开始建设，并逐步在沿海和内河港展开。1981 年，天津港建设了中国大陆第一个集装箱码头；1983 年，张家港港成为国内第一个从事国外和港澳台地区集装箱装卸业务的内河港口。此后，长江三角洲集装箱码头及港区配套设施发展较快，

90 年代以来表现得尤为突出，集装箱岸线、码头、装卸桥、集卡、空箱堆垛机、轮胎吊等集装箱港基础设施增长迅速。发展至 2013 年，长江三角洲地区万吨级泊位达到 665 个，集装箱码头岸线总长 28.3km，现代化装卸桥 299 个，集卡及空箱堆垛机分别达到 1212 辆和 188 台，为长江三角洲集装箱运输和中转提供了支撑和保障。但各港口之间差异明显，基础设施主要集中于上海港、宁波港、南京港、太仓港、张家港港等主要集装箱码头港区，其他集装箱港口的基础设施相对较少（图 5.1）。

5.2.1.2　长江三角洲集装箱港口体系箱量规模分析

1996 年以来，长江三角洲 12 个港口的集装箱吞吐量由 256 万 TEU 增长至 2013 年的 6291 万 TEU，平均增速 20.73%，远高于世界集装箱吞吐量 10.73% 的增速，成为世界上集装箱增长最快的地区。金融危机以来表现尤为突出，在欧美主要大港集装箱货量大幅缩减的情况下，仍保持两位数的增长速度。截至 2013 年，在世界前十大集装箱港口中，中国占据了 7 个席位，其中上海港、宁波-舟山港分别位居第 1 位、第 7 位，集装箱吞吐量达到 3361.7 万 TEU 和 1732.7 万 TEU，上海港领先第二位新加坡港 100 多万 TEU。

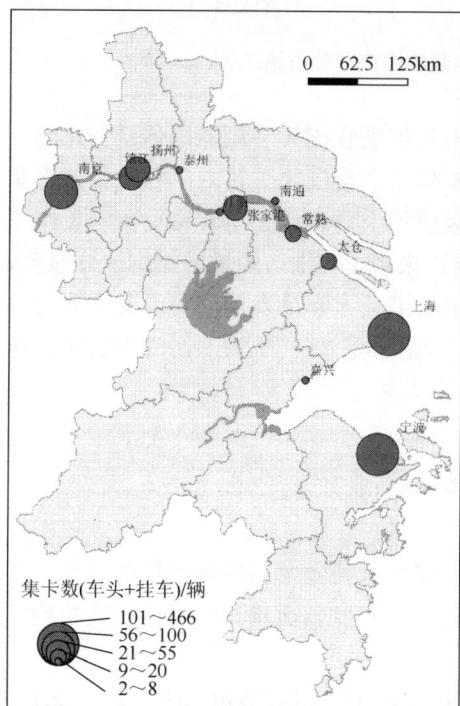

(a) 集卡

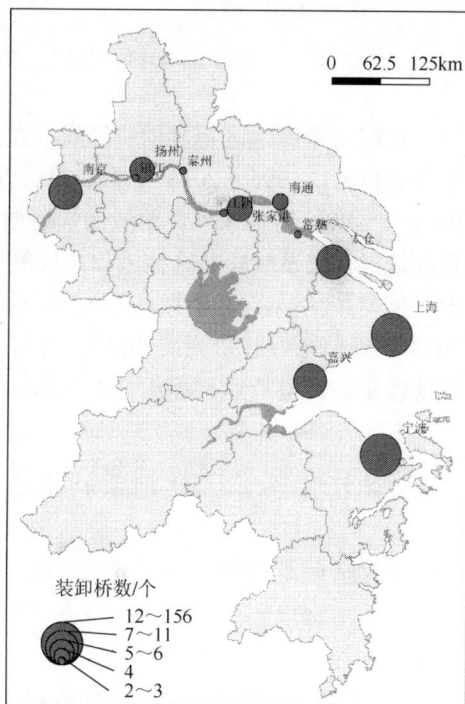

(b) 装卸桥

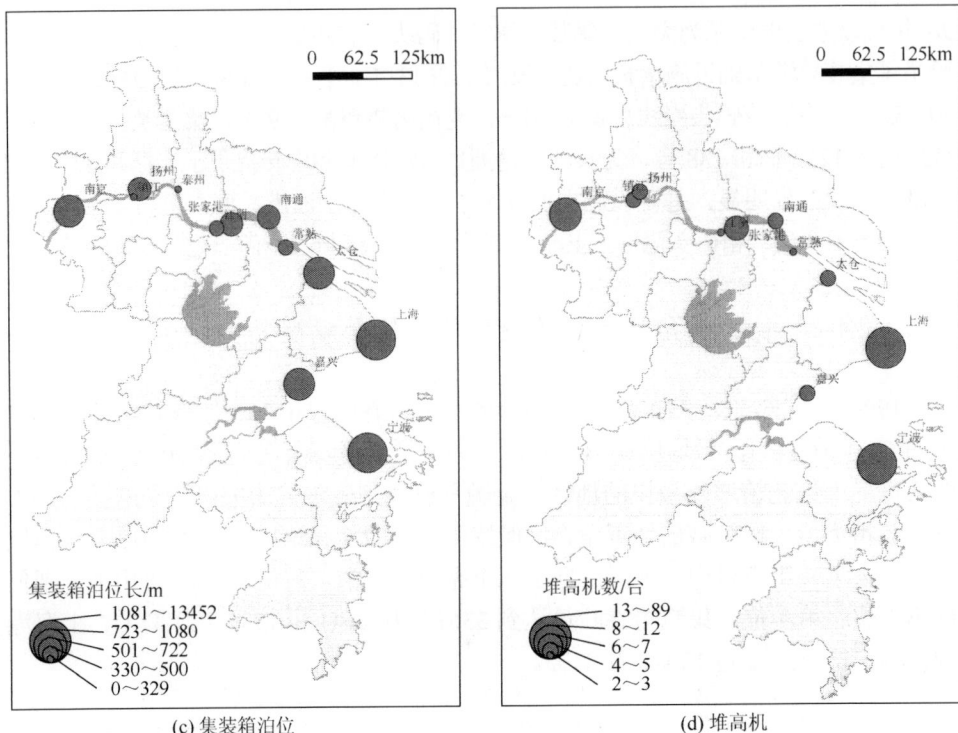

(c) 集装箱泊位　　　　　　　　　　　　　　(d) 堆高机

图 5.1　2013 年长江三角洲集装箱港口基础设施现状

长江三角洲地区箱量的快速发展是近十几年来我国集装箱港口体系变化的一个显著特征，1996～2013 年箱量增长近 18 倍，占全国集装箱港口吞吐量的份额由 13.8%增长到 33.6%。箱量的快速增长吸引了大量班轮公司转移集聚于长江三角洲地区，增设航线并选挂港口。从单个港口来看，各港口箱量增加均十分显著，但发展差距明显，上海港一直位居首位，宁波港、太仓港发展最快，其中太仓港 2013 年集装箱吞吐量突破 400 万 TEU，高于南京港 151 万 TEU，成为长江三角洲地区集装箱港口重要枢纽（图 5.2）。

5.2.1.3　长江三角洲集装箱港口体系作业效率分析

前述表明港口效率包括港口装卸效率、辅助系统效率和集疏运系统效率三个方面，本书选取码头泊位平均效率和腹地高速网密度来衡量长江三角洲集装箱港口体系的作业效率，内涵如下：

$$泊位平均效率 = 单位时间港口集装箱吞吐量/港口集装箱码头个数 \quad (5.1)$$

$$腹地高速网密度 = 腹地高速公路总长度/腹地行政区面积 \quad (5.2)$$

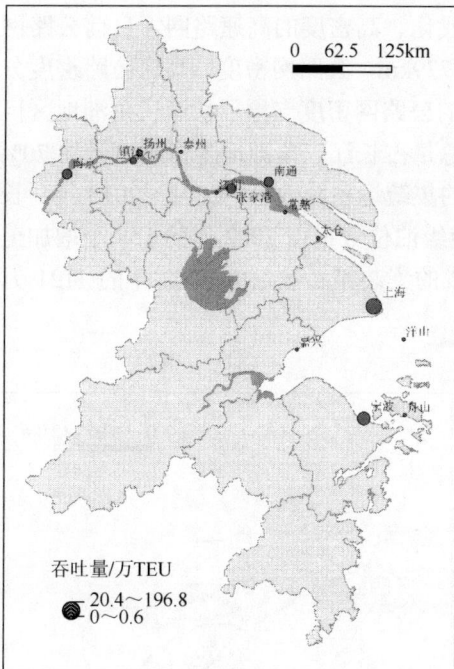

(a) 1996年

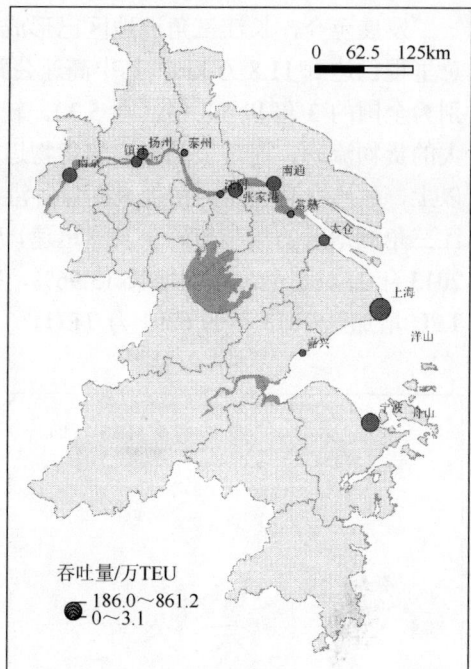

(b) 2002年

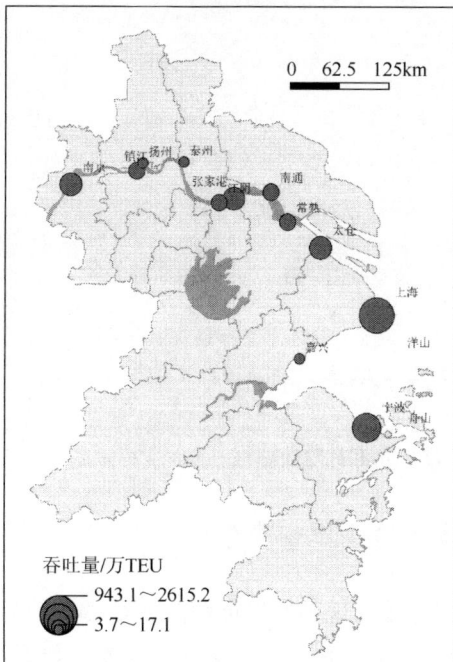

(c) 2007年

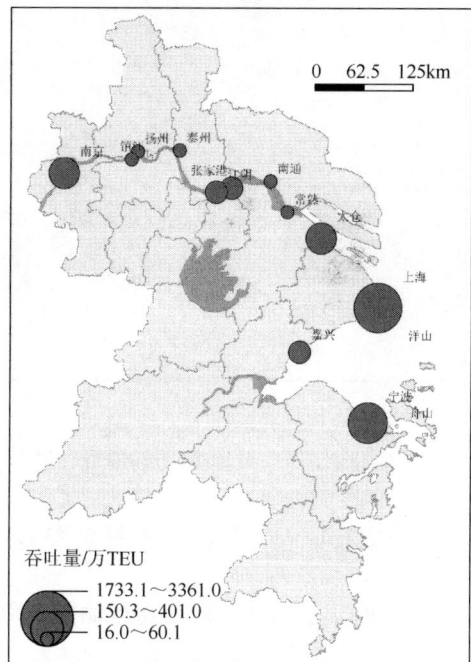

(d) 2013年

图5.2 1996年、2002年、2007年、2013年长江三角洲集装箱港口吞吐量

发展至今，长江三角洲地区已形成现代化、高密度的高速路网，目前公路网总里程已达到 11.8 万 km，其中高速公路 3779km，公路网密度、高速公路密度分别为全国的 3 倍和 5.8 倍（图 5.3），较高的公路网密度支撑了长江三角洲地区巨大的货物流动，通过公路完成的货物运输总量占长江三角洲地区货物总量的 70%以上，故选取高速路网密度来衡量各港口的集疏运系统效率。2002～2013 年，长江三角洲地区的集装箱码头发展迅速，万吨级泊位数量由 2002 年的 158 个增加至 2013 年的 665 个，年均增长 13.96%，完成的集装箱吞吐量由 2002 年的 1121 万 TEU 增加至 2013 年的 6291 万 TEU。

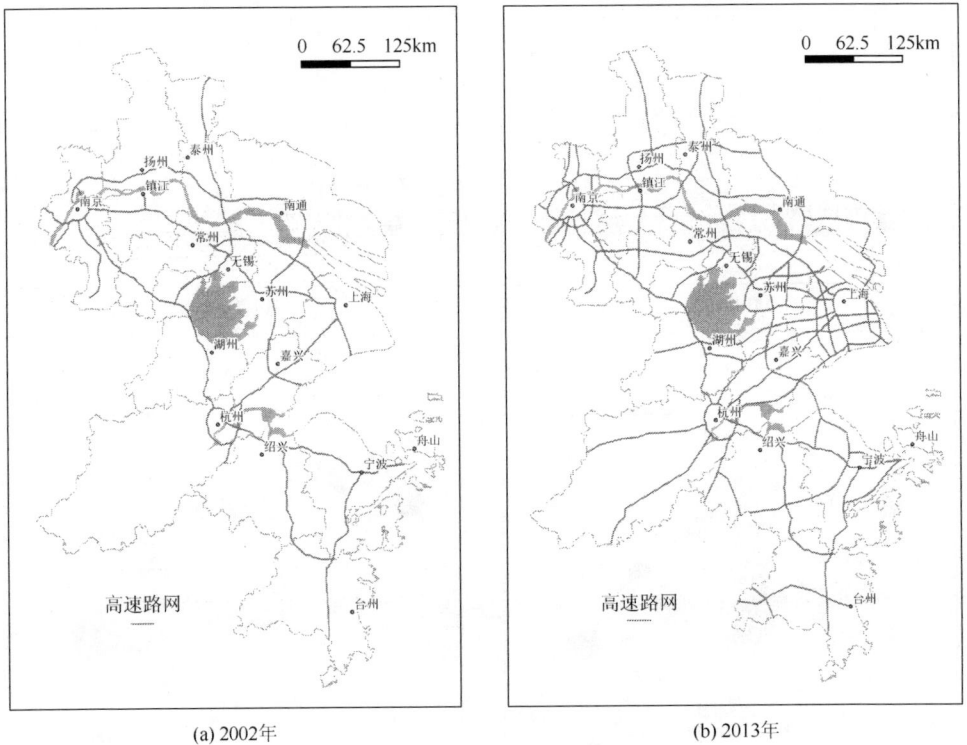

(a) 2002年　　　　(b) 2013年

图 5.3　2002 年、2013 年长江三角洲高速公路网

5.2.1.4　长江三角洲集装箱港口体系码头作业费分析

2000 年交通部（现交通运输部）和国家计委（现国家发展和改革委员会）颁布《国内水路集装箱港口收费办法》，对内贸集装箱港务费、装卸包干费、汽车/火车/驳船集装箱装卸费及搬移翻装费等费率进行了规定（表 5.1～表 5.3），指出"中华人民共和国沿海和长江干线港口向进出港口的内贸集装箱（指国际标准集装

箱）计收港口费用，按本办法办理"，其中"装卸包干费各港可在规定费率上下20%的幅度内自行确定"。

表 5.1 内贸集装箱货物港务费率表

箱类	费率/(元/箱)	
	20ft	40ft
装载一般货物的集装箱、商品箱	8.00	16.00
装载一级危险货物的集装箱、冷藏箱（重箱）	16.00	32.00

表 5.2 汽车、火车、驳船的集装箱装卸费及集装箱搬移、翻装费率表

	箱类		汽车装卸、搬移、翻装费/(元/箱)	火车、驳船装卸费/(元/箱)
标准箱	20ft	装载一般货物的集装箱	49.50	70.20
		空箱	49.50	70.20
		装载一级危险货物的集装箱	53.70	76.50
		冷藏重箱	53.70	76.50
		冷藏空箱	53.70	76.50
	40ft	装载一般货物的集装箱	74.30	105.30
		空箱	82.50	105.30
		装载一级危险货物的集装箱	82.50	115.30
		冷藏重箱	82.50	115.30
		冷藏空箱	82.50	115.30

表 5.3 内贸集装箱装卸包干费率表

箱类	装卸包干费/(元/箱)			
	长江干线宜昌以上港口（不含宜昌港）		其他港口	
	20ft	40ft	20ft	40ft
装载一般货物的集装箱	240	365	220	330
空箱	120	180	110	165
装载一级危险货物的集装箱	265	400	240	360
冷藏重箱	265	400	240	360
冷藏空箱	130	200	120	180

2001 年交通部颁布《关于修改〈中华人民共和国交通部港口收费规则（外贸部分）〉的决定》，对国际航线船舶及外贸进出口货物港口收费进行了规则，包括集装箱港务费、装卸包干费、汽车/火车/驳船集装箱装卸费及搬移翻装费等，其中"汽车、火车、驳船的集装箱装卸费及集装箱搬移、翻装费率"与内贸集装箱的费

率一致，但"进出口集装箱装卸包干费、国际过境集装箱港口包干费率"与内贸集装箱运输由较大的差距（表5.4、表5.5）。

表 5.4　外贸进出口货物港务费率表

箱类	费率/(元/箱)			
	进口		出口	
	20ft	40ft	20ft	40ft
装载一般货物的集装箱、商品箱	40.00	80.00	20.00	40.00
装载一级危险货物的集装箱、冷藏箱（重箱）	80.00	160.00	40.00	80.00

表 5.5　外贸进出口集装箱装卸包干费、国际过境集装箱装卸包干费率表

箱类			装卸包干费/(元/箱)	过境包干费/(元/箱)
标准箱	20ft	装载一般货物的集装箱	425.50	659.50
		空箱	294.10	503.00
		装载一级危险货物的集装箱	467.90	725.20
		冷藏重箱	467.90	725.20
		冷藏空箱	324.10	502.20
	40ft	装载一般货物的集装箱	638.30	1000.20
		空箱	441.10	768.60
		装载一级危险货物的集装箱	702.00	1088.20
		冷藏重箱	702.00	1088.20
		冷藏空箱	486.10	753.40

总体来看，班轮公司集装箱港口作业费可分内贸集装箱作业费和外贸集装箱作业费，主要包括集装箱港务费、装卸包干费、搬移费、堆存费，其中装卸包干费所占比例最高，占80%以上，所以本书选取装卸包干费指标来衡量长江三角洲地区港口间费用差异，如上海港、宁波港的外贸集装箱装卸、堆存等收费标准（表5.6）。

表 5.6　上海港、宁波港外贸集装箱装卸、堆存等收费标准

项目		宁波港				上海港			
		20ft		40ft		20ft		40ft	
		重箱	空箱	重箱	空箱	重箱	空箱	重箱	空箱
装船或卸船（包干费）/(元/箱)	普通箱	370.0	255.8	555.1	383.6	425.5	294.1	638.3	441.1
	危冷箱	406.9	281.9	610.5	422.7	467.9	324.1	702.0	486.1
集装箱搬移费/(元/箱)	普通箱	49.5	49.5	74.3	74.3	49.5	49.5	74.3	74.3
	危冷箱	53.7	53.7	82.5	82.5	53.7	53.7	82.5	82.5

续表

项目		宁波港				上海港			
		20ft		40ft		20ft		40ft	
		重箱	空箱	重箱	空箱	重箱	空箱	重箱	空箱
货物港务费	进口箱	1.70 元/t				40 元/箱		80 元/箱	
	出口箱	3.30 元/t				20 元/箱		40 元/箱	
港口建设费	进口	80 元/箱		120 元/箱		80 元/箱		120 元/箱	
	出口	80 元/箱		120 元/箱		80 元/箱		120 元/箱	
堆存费 /(元/箱)	一般货物	1～4 天免收堆存费				4		8	
	5～14 天	3	3	6	6				
	14～24 天	4	3	8	6				
	25 天以上	5	3	10	6				
拆、装箱费/ (元/M.W)[1]	普通箱	12.40				12.40			
	冷藏箱	13.50				13.50			
	危险品	18.60				18.60			

注：①货物的计费吨分为重量吨（W）和体积吨（M），按货物的重量吨和体积吨之间，择大计费

在查询港务局和码头公司官方网站的基础上，结合实际访谈，整理出长江三角洲 12 个集装箱港口的内、外贸集装箱装卸包干费（图 5.4，以 20ft 标准集装箱

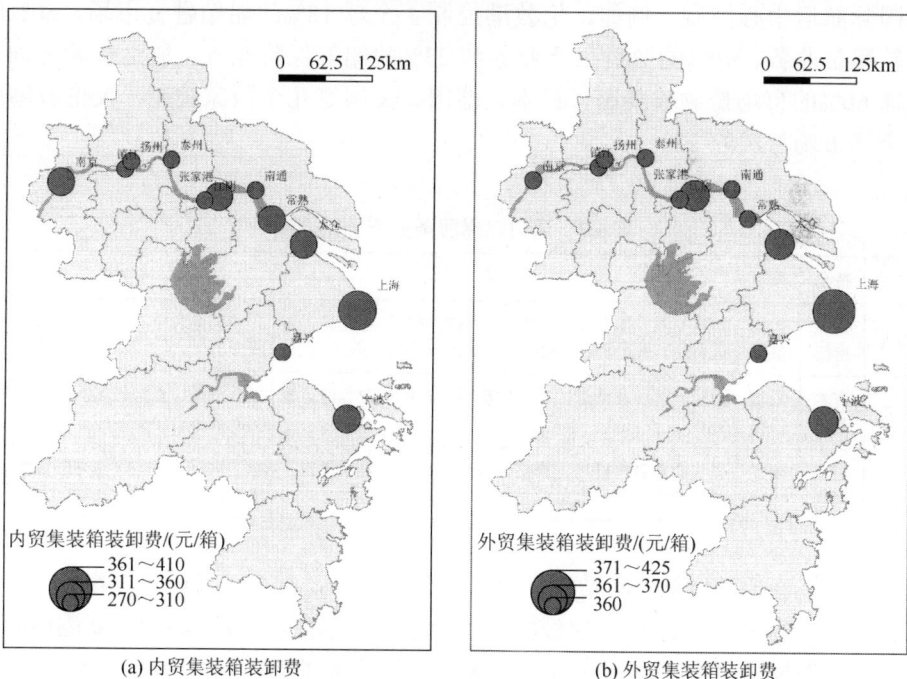

(a) 内贸集装箱装卸费　　　　　　　　　(b) 外贸集装箱装卸费

图 5.4　2013 年长江三角洲港口集装箱装卸包干费

装卸普通货物的费率为指标）。总体来看，发展水平越高的港口，港口作业费越高，如上海港的港口装卸包干费高于宁波港，南京港、张家港港、太仓港、常熟港等港口的装卸费高于沿江的其他港口。

5.2.1.5　长江三角洲集装箱港口体系口岸服务业分析

依据港口口岸服务业提供附加值的高低，可将口岸服务业产业链划分为高端、中端和低端三个层次（表5.7）。20世纪90年代以来长江三角洲集装箱港口体系的口岸服务业一直以发展码头、仓储、货运、船代、货运代理等中低端的航运产业为主，货运量发展迅速，2013年上海港、宁波港的货物和集装箱吞吐量分别达到7.76亿t、8.09亿t和3361万TEU、1732万TEU，位居世界前列，成为世界航线最密集、班轮密度最大、货运周转最快的全球货运中心。但作为影响班轮公司是否挂靠服务的航运金融、保险、咨询、船舶租赁等航运服务业因素却始终落后于伦敦港、香港港、新加坡港等世界航运枢纽。据统计，当前全球船舶贷款规模约3000亿美元，船舶租赁交易规模约700亿美元，航运股权及债券融资规模约150亿美元，航运运费衍生品市场规模约1500亿美元，海上保险市场规模约250亿美元。巨额航运金融市场却被伦敦港、香港港等国际航运中心控制。例如，伦敦港控制了全球18%的船舶融资市场、50%的油轮租赁业务、40%的散货租赁业务和23%的船舶保险业务。航运保险方面，全球60%的市场份额被英国、日本、德国、美国等几个国家控制，仅伦敦港就占全球市场份额的23%。

表 5.7　港口口岸服务业产业链内涵

	特征	效益	内容	中心
高端	知识密集	附加值高	航运交易及服务业（船舶注册与管理、航运交易、航运咨询、航运金融、海事仲裁、海损理算、航运组织）	以伦敦港为中心（全球航运话语权中心）
中端	资本密集	附加值中	油轮经济、货物运输、船舶租赁、拖船作业等海运服务业	以香港港、新加坡港为中心（全球航运服务中心）
低端	劳动密集	附加值低	码头、集装箱堆场、仓储、货运、报关、物质供应、船员劳务等港口服务业	以上海港为中心（全球航运物流中心，以吞吐量为指标）

上海港在船舶贷款、租赁、保险等相关领域涉足甚少，目前各类相关业务总和占全球市场份额不足1%，宁波港、南京港、太仓港等长江三角洲主要港口的航运服务业发展更显不足。"十一五"以来，上海港为了改善航运金融、交易、物流等港口"软环境"，打造成名副其实的全球金融中心和航运中心，国家和地方政府

相继出台了《关于推进上海加快发展现代服务业和先进制造业建设国际金融中心和国际航运中心的意见》《批准设立中国（上海）自由贸易区》等政策，航运金融、保险、融资、租赁、经纪等航运产业链顶端的高端口岸服务业开始发展（表 5.8，图 5.5）。

表 5.8　2009～2010 年银行业在长江三角洲航运金融领域发展情况

	时间	事件
中国银行	2009 年 7 月	第一家国际航运专营机构。在上海成立银行体系内第一家国际航运金融服务中心，服务于船公司及其上下游船代公司、物流公司等客户，提供产品设计、客户营销、账户管理、结算服务、资金理财、融资授信、电子银行等金融服务方案，以及对航运从业人员私人财富管理方案
	2009 年 5 月	向船公司授信。未来两年内向中远集运提供 18 亿美元授信，用于中远集运旗下 28 艘集装箱船舶的建造及运营；未来 3 年内向该公司提供 10 亿美元配套流动资金贷款
工商银行	2009 年 9 月	航运专营机构。成立上海航运金融服务中心
	2009 年 9 月	向船公司授信。向上海国际航运服务中心项目提供 45 亿元银团授信
	2009 年 11 月	船舶融资租赁业务。国内第一艘以金融租赁方式建造的万吨级以上散货船交付：船公司为工银租赁、承租人为华能能交、造船人为中船集团。该项目于 2008 年 6 月签订，项目总金额 53 亿元
平安保险	2009 年 9 月	航运保险。携手中国人保、大地财险向上海国际航运服务中心项目提供保额 60 亿元的保险金融服务
交通银行	2009 年 7 月	银政合作。与上海市政府签署了全面合作备忘录
	2010 年 6 月	总行设立航运金融部
	2010 年 6 月	首单租约融资
进出口银行	2009 年 11 月	银政合作。与上海市政府签署了全面合作备忘录
	2009 年 11 月	专营机构。总行设立"交通运输融资部"
	2009 年 12 月	船舶贷款。截至 2009 年末，进出口银行累计发放贷款 1168 亿元和 85 亿美元，支持了 3722 艘、1.2 亿 DWT[①]的船舶出口
民生银行	2009 年 12 月	船舶金融租赁业务。民生金融租赁在江苏熔盛重工投资 2.72 亿美元建造 8 艘巴拿马型散货船，截至 2009 年底，民生金融租赁累计拥有 44 艘船
招商银行	2009 年 11 月	船舶融资租赁业务。招商银行宁波分行与宁波市港航管理局共同举办"携手共进，扬帆蓝海"航运行业研讨会，招商银行向该市船公司推销船舶融资租赁业务
	2009 年 12 月	船舶融资租赁业务。与浙江海运针对船舶融资租赁业务、综合授信业务、离岸国际业务、现金管理业务等开展银企战略合作

注：① DWT，载重吨。

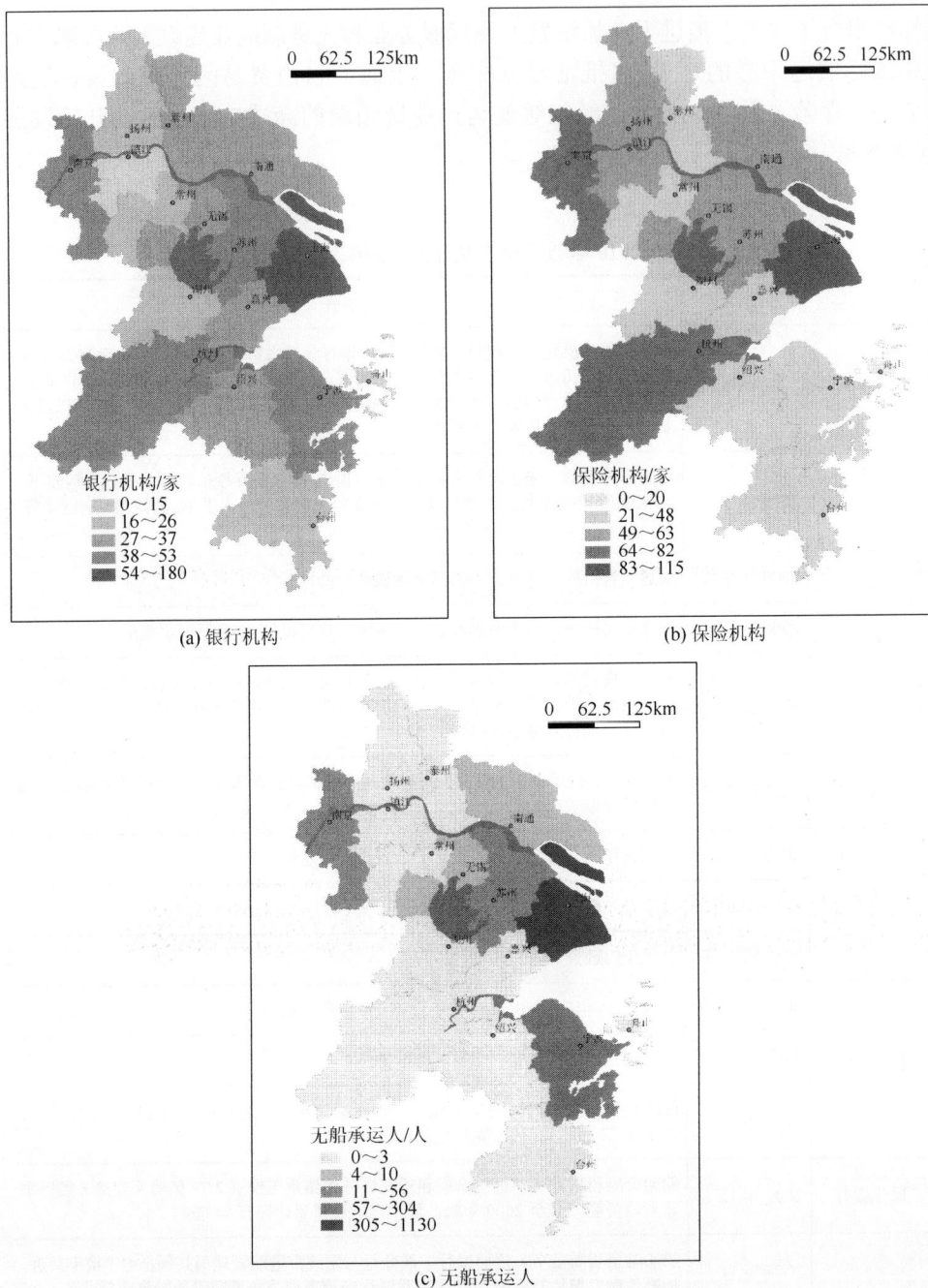

(a) 银行机构

(b) 保险机构

(c) 无船承运人

图 5.5　2013 年长江三角洲银行机构、保险机构及无船承运人数

资料来源：银行机构、保险机构数来源于《中国金融中心指数（CDI CFCI）报告》及网络资料整理；无船承运人数据来自交通运输部公布的无船承运业务经营者名单（2013 年 7 月 12 日）

5.2.1.6 长江三角洲集装箱港口体系扶持政策分析

刘可文（2013）通过赋值的方法对长江三角洲 16 个地级市 1984～2011 年开放开发的政策强度进行了计算,利用 16 个地级市政策强度值差异来分析长江三角洲地区不同类型企业的区位选择。从政策的角度定量分析企业区位选择的空间变化及规律,具有很强的创新性和借鉴性。本书借鉴此方法,在原有资料的基础上,追加 2002 年、2013 年两年的开放开发政策,计算出 2002 年、2013 年 16 个地级市的政策强度值。用地级市的政策强度来代表所在港口的扶持政策力度,以反映地方政府对港口的扶持力度,进而对班轮公司挂靠港的选择产生政策性影响,其中苏州的政策强度值统一分配到太仓港、张家港港、常熟港 3 个港区（图 5.6）。

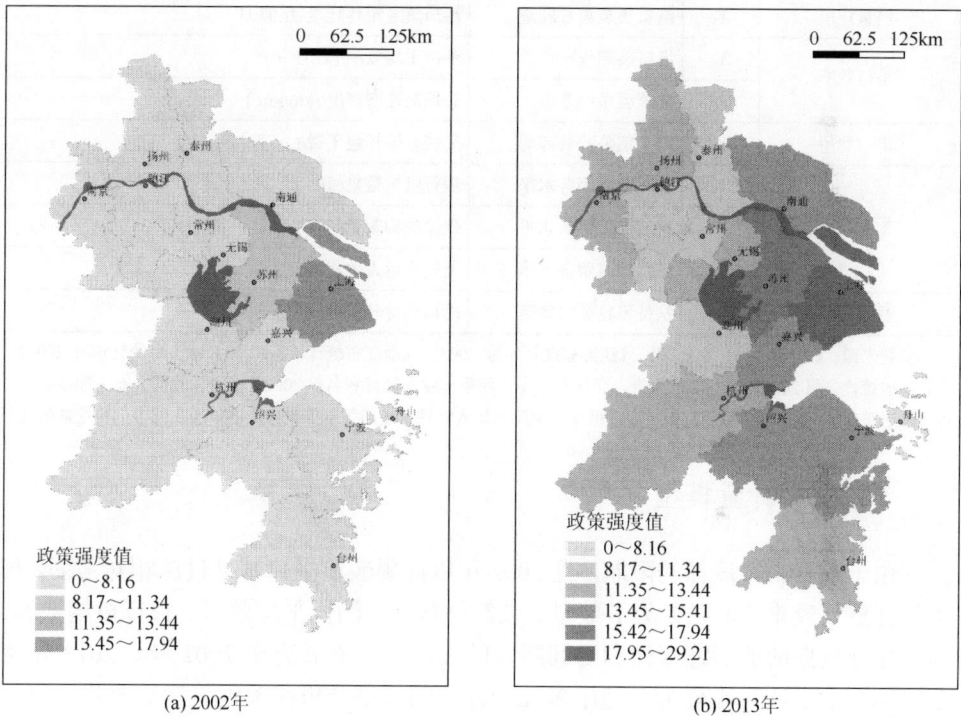

(a) 2002年 (b) 2013年

图 5.6　2002 年、2013 年长江三角洲港口发展扶持政策强度值

5.2.2　计算方法

5.2.2.1　指标选取

指标变量选取时,一方面要反映班轮公司挂靠港选择的"推力-拉力"模型中

相关因素的影响，避免偶然因素的影响；另一方面要考虑数据的可获得性，尽量选取权威统计资料上的可查数据，结合前面"变量分析"，确定如下指标，其中一级指标分别表示长江三角洲各集装箱港口的基础设施、箱量规模、港口效率、港口费用、配套产业和扶持政策 6 个方面，二级指标 11 个（表 5.9）。

表 5.9　影响班轮航线挂靠港选择的指标体系

项目	变量	定义	指标
班轮航线（密度）	Y	因变量	某年份各港口班轮航线（密度）/(条、班/月)
基础设施	X_1	港口硬件设施水平	集装箱泊位数/个
	X_2		装卸桥数量/台
	X_3		集卡数量/辆
箱量规模	X_4	港口集装箱吞吐量	港口集装箱吞吐量/万 TEU
港口效率	X_5	港口装卸效率	泊位平均效率/(TEU/年)
	X_6	集疏运系统效率	腹地高速网密度/(km/km^2)
港口费用	X_7	码头集装箱装卸费	集装箱装卸包干费/(元/TEU)
配套产业	X_8	航运融资服务水平	银行机构数量/个
	X_9	航运保险服务水平	保险机构数量/个
	X_{10}	港口物流服务水平	无船承运人数量/个
扶持政策	X_{11}	扶持班轮公司政策	港口扶持政策强度值

资料来源：《中国港口年鉴 2003》、《江苏省统计年鉴 2003》、《浙江省统计年鉴 2003》、《上海统计年鉴 2003》、各市政府统计公报 2003、政府工作报告、交通部公布无船承运业务经营者名单 2002、交通运输部公布无船承运业务经营者名单 2013 等。港口保险机构、银行机构、无船承运人和扶持政策强度等数值用港口所在城市的相应数值代替

5.2.2.2　计量模型

由于数据获得途径的限制，且 2002 年以前集装箱港口基础设施相对薄弱，相关统计资料较难获取，如集卡数量、装卸桥数量、泊位平均效率、银行机构数等。为了保证数据的前后连续性和时间断面的可比性，本书选择 2002 年、2013 年两个时间断面进行对比分析。利用多元线性回归模型分析在多因素影响背景下集装箱港口六大因素对班轮公司班轮航线设置与港口选择的影响和作用。多元线性回归方程表达式如下：

$$Y = a_0 + a_1X_1 + a_2X_2 + \cdots + a_nX_n + w \tag{5.3}$$

式中，Y 为某一阶段某港口的班轮航线数量（或班轮密度）；X 为影响班轮航线（密度）变化的指标变量；a_0 为常数项；$a_1, a_2, \cdots, a_n$ 为各变量的回归系数，反映了各变量对 Y 的影响；w 为残差。对各自变量进行标准差标准化，通过对各自变量进

行贡献性检验，建立不同的模型，即相关性在 0.85 以上的自变量不同时出现。利用 SPSS 17.0 多元线性回归模型定量测度各自变量对远洋班轮航线、近洋班轮航线、沿海班轮航线、长江班轮支线等集装箱班轮航线演化的贡献率。

5.2.3 结果分析

对 2002 年、2013 年长江三角洲地区班轮航线与班轮密度进行相关分析可知，班轮航线与班轮密度具有很强的关联性，相关度高达 0.9927 和 0.9911（图 5.7），所以在多元线性回归模型中，本书仅选择班轮航线作为因变量，分析航运网络演化的影响机理，模型运行结果见表 5.10～表 5.14。系数显著为正表明该指标对班轮航线布局具有较强的促进作用，系数显著为负表明该指标对班轮航线的布局具有较强的制约作用，显著水平的绝对值越小说明该指标的影响较弱或不能确定。

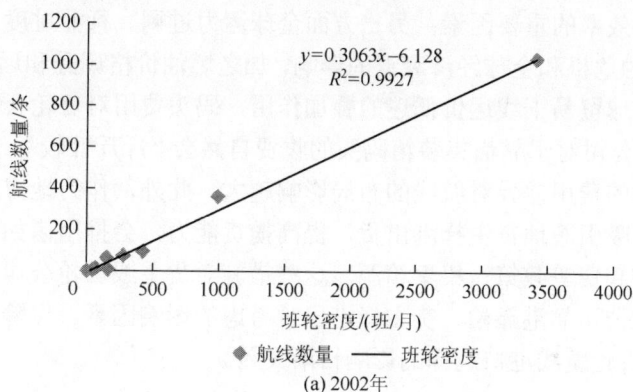

$$y=0.3063x-6.128$$
$$R^2=0.9927$$

(a) 2002 年

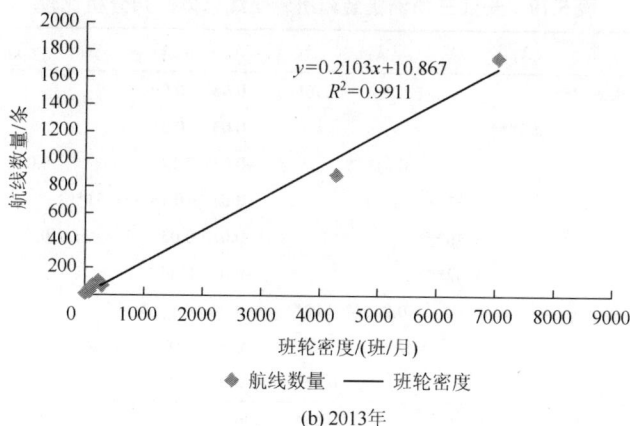

$$y=0.2103x+10.867$$
$$R^2=0.9911$$

(b) 2013 年

图 5.7 2002 年、2013 年长江三角洲集装箱班轮航线数量与班轮密度相关性分析

表 5.10 结果表明，港口集装箱吞吐量、港口硬件设施水平、港口物流服务水平等一直是班轮公司航线增设、靠港选择、港序安排等航网布局重点考虑的因素，其中集装箱吞吐量是班轮公司是否增开航线及布置船型和船期最重要的因素，一直处于最显著的水平，2013 年回归系数达到 1 以上，且置信水平大于 99%；其次是装卸桥数量和无船承运人因素，分别代表了港口硬件设施水平和港口物流服务水平，是决定班轮公司靠港时间长短的重要因素。长江三角洲港口之间硬件设施、物流服务的差异在很大程度上引致了班轮航线的演化。

港口装卸效率、码头集装箱装卸费、航运保险服务水平、扶持班轮公司政策等对班轮网络的影响逐步增强。其中码头集装箱装卸费对班轮公司的影响变化最为明显，由不显著变为显著为正，在 2013 年回归系数达到 0.59 和 0.55，置信水平大于 99%。究其原因，一方面国际航运业船舶不断巨型化、现代化，船舶单位时间运行成本显著增加，每小时达数万美金，港口货物流通和装卸的速度对于班轮公司来说日显重要，码头的集卡、装卸桥、轮胎吊、空箱堆垛机等作业效率是影响港区作业效率的重要因素；另一方面全球运力过剩、行业过度竞争，尤其是受 2008 年金融危机和全球经济衰退的影响，加之燃油价格飙升和远东—欧洲、远东—北美等全球贸易干线运价低迷的叠加作用，码头费用对班轮公司的影响也越来越大，班轮公司对于靠泊集装箱码头的收费自然会"斤斤计较"。随着航运业微利化，港口间的费用差异对航线的布局影响越大。此外，作为地方政府或港口的管理部门为了吸引腹地货主择港出货，提高揽货能力，会推出诸如箱贴、减免过路费、降低装卸费等政策，集聚箱源。这些措施对货主或班轮公司具有一定的吸引力，是班轮公司靠港靠泊、货主择港出货考虑的影响因素。保险、政策等港口"软环境"对班轮航线港口选择的影响日渐突显。

表 5.10　长江三角洲集装箱班轮航线总体回归分析比较

时间		X_1	X_2	X_3	X_4	X_5	X_6	X_7	X_8	X_9	X_{10}	X_{11}
	模型 1	0.69***				0.36*	0.06	−0.09				0.09
	模型 2		0.95***				0.03	−0.31				0.08
	模型 3				0.81***		−0.03	0.12		0.03		−0.06
	模型 4			0.55***			0.02	−0.16	0.51***			0.16
2002 年	模型 5			0.46***			−0.03	0.03		0.17		0.03
	模型 6			0.42***			−0.03	0.04			0.59***	0.01
	模型 7				0.84***	0.12*	−0.04	0.17**				−0.10
	模型 8						−0.03	0.02	0.63***			0.01
	模型 9					0.15	−0.07	0.21*			0.68***	−0.11
2013 年	模型 1	0.49**				0.44*	−0.06			0.54***		
	模型 2	0.31***						0.59***			0.78***	

续表

时间		X_1	X_2	X_3	X_4	X_5	X_6	X_7	X_8	X_9	X_{10}	X_{11}
	模型 3		0.91***				−0.06*			0.12**		0.07*
	模型 4			0.61***		0.29**	0.05					0.29*
	模型 5			0.39***		0.41***		0.55***			0.60***	0.09*
2013 年	模型 6				1.00***		−0.05					
	模型 7				1.01***		−0.03					0.32**
	模型 8		0.84***				−0.06		0.23***			
	模型 9			0.59***			−0.04		0.53***			

注：*表示在 0.1 水平显著，**表示在 0.05 水平显著，***表示在 0.01 水平显著

集疏运系统效率对长江三角洲班轮航运网络的影响难以确定，影响较弱，概因长江三角洲地区高速公路网发达，地区间通达水平没有明显差异，且港口间相距较近，腹地交叉明显，路网对货主择港出货的影响较小，即货主出货选择港口时考虑的主要因素是港口的船期、码头的费用及班轮公司的服务水平，而非陆路的交通因素。

表 5.11 和表 5.12 的回归模型计算结果表明，各因素对集装箱远洋班轮航线与近洋班轮航线演化的影响方式和强度基本一致。集装箱吞吐量、港口硬件设施水平、港口装卸效率、港口物流服务水平一直是经营远洋班轮航线和近洋班轮航线的班轮公司选择挂靠港考虑的重要因素，其中集装箱吞吐量是首要因素；码头集装箱装卸费对班轮公司挂靠港选择的作用日渐明显，而金融、保险等因素对近远洋运输网络的影响逐渐变弱，表明航运金融、结算、保险等业务在长江三角洲地区发展缓慢。航运相关金融业务受地域限制较少，货流与资金流逐渐分异，即货流在长江三角洲的上海港、宁波港等港口完成，但航运结算、保险、理赔等业务可以在异地金融中心、离岸中心、航运中心完成，如香港港、新加坡港等。腹地高速路网密度对近远洋航线及班轮密度的影响不明显。扶持班轮公司政策对近远洋班轮航线及班轮密度的影响也不明显，概因长江三角洲地区的近远洋箱源大都由长江支线或沿海航线喂给，地方政府的政策影响基本直接作用于沿海航线和长江支线，而对经营近远洋运输的班轮公司影响不大。

表 5.11 长江三角洲集装箱远洋班轮航线回归分析比较

时间		X_1	X_2	X_3	X_4	X_5	X_6	X_7	X_8	X_9	X_{10}	X_{11}
	模型 1	0.59***				0.46***	0.06	−0.10				0.11
	模型 2		0.99***				0.01	−0.02				−0.01
2002 年	模型 3			0.39***	0.62***		0.02	−0.01				0.04
	模型 4			0.68***			0.05	−0.23*	0.41***			0.19*
	模型 5			0.63***			0.02	−0.09		0.42***		0.12*
	模型 6			0.59***			0.02	−0.08			0.46***	0.09

时间		X_1	X_2	X_3	X_4	X_5	X_6	X_7	X_8	X_9	X_{10}	X_{11}
2002年	模型7				0.75***	0.23***	−0.02	0.14**				−0.08
	模型8					0.49***	−0.01	0.00	0.57***			0.01
	模型9					0.38***	−0.04	0.16			0.59***	−0.08
2013年	模型1	0.65***				0.47*	−0.11			−0.07		
	模型2	0.62***					−0.18	0.35*			0.58*	−0.09
	模型3		1.11***				−0.15*					−0.05
	模型4		1.11***				−0.11			−0.10		−0.01
	模型5			0.82***		0.51	−0.06					0.17
	模型6			0.80***				0.38*			0.16***	0.08*
	模型7				1.19***		−0.12			−0.23**		
	模型8				1.21***		−0.18		−0.10			−0.17
	模型9		1.15***				−0.12		−0.13			

注：*表示在 0.1 水平显著，**表示在 0.05 水平显著，***表示在 0.01 水平显著

表 5.12　长江三角洲集装箱近洋班轮航线回归分析比较

时间		X_1	X_2	X_3	X_4	X_5	X_6	X_7	X_8	X_9	X_{10}	X_{11}
2002年	模型1	0.75***				0.30**	0.08	−0.19*				0.20
	模型2		0.94***				0.07*	−0.15				0.23
	模型3				0.92***		−0.03	0.10				−0.04
	模型4			0.45***			0.02	−0.21*	0.62***			0.19
	模型5			0.38***			−0.02	−0.08		0.62***		0.08
	模型6			0.32***			−0.03	0.01**			0.68***	0.05
	模型7				0.92***	0.03	−0.25	0.10**				−0.04
	模型8					0.34***	−0.02	−0.06	0.72***			0.07
	模型9					0.21**	−0.06	0.14			0.75***	−0.05
2013年	模型1	0.45**				0.55*	0.01			0.28		
	模型2	0.18***					0.01	0.55*			0.86***	−0.03
	模型3		0.82***				0.10					0.13
	模型4		0.80***				0.00			0.23**		0.04
	模型5			0.55**		0.51**	0.16					0.31
	模型6		0.19***					0.68*			0.81***	0.03
	模型7				0.88***		0.01			0.15		
	模型8				0.91***		0.08		0.38**			0.03
	模型9		0.71**				0.02	0.31**				

注：*表示在 0.1 水平显著，**表示在 0.05 水平显著，***表示在 0.01 水平显著

　　从集装箱沿海班轮航线演化的影响因素（表 5.13）来看，集装箱吞吐量是最主要的因素，港口的硬件设施水平、物流服务水平是重要的因素。2002～2013年，港口装卸效率对沿海班轮航线的影响逐渐减弱，与近远洋班轮相比，沿海班轮时间成本和时间要求相对较低，对停靠泊位的作业效率敏感度不高。码头集装箱装卸费的影响比近远洋航线要大；扶持班轮公司政策作用逐渐明显，但绝对贡献率不高；金融、保险等口岸服务业因素对沿海班轮航线布局影响逐渐变弱；集疏运系统效率影响较弱。

表 5.13　长江三角洲集装箱沿海班轮航线回归分析比较

时间		X_1	X_2	X_3	X_4	X_5	X_6	X_7	X_8	X_9	X_{10}	X_{11}
2002 年	模型 1	0.54**				0.40**	−0.09	0.38				−0.32
	模型 2		0.83***				−0.16	0.51**				−0.39
	模型 3			0.36	0.48		−0.14	0.45				−0.32
	模型 4		0.67*				−0.08	0.22	0.17			−0.06
	模型 5		0.53*				−0.15	0.41		0.33		−0.27
	模型 6		0.51*				−0.15	0.41			0.36	−0.28
	模型 7				0.50*	0.47***	−0.14	0.53**				−0.35
	模型 8					0.52**	−0.12	0.42	0.31			−0.22
	模型 9					0.41*	−0.16	0.56*			0.42	−0.37
2013 年	模型 1	0.48**				0.31**	−0.12			−0.09		
	模型 2	0.52**					−0.19	0.85**			0.62*	0.29
	模型 3		1.04***				−0.15					0.03
	模型 4		1.05***				−0.09			−0.12		0.08
	模型 5			0.58***		0.32**	−0.12					0.13
	模型 6			0.71***				0.79**			0.22	0.12
	模型 7				1.18***		−0.08			−0.22**		
	模型 8				1.16***		−0.17		0.04			0.11
	模型 9		1.03***				−0.15		0.03			

　　注：*表示在 0.1 水平显著，**表示在 0.05 水平显著，***表示在 0.01 水平显著

　　从集装箱长江班轮支线影响因素（表 5.14）来看，集装箱吞吐量仍然是重要因素之一，其次是港口硬件设施水平、港口物流服务水平。码头集装箱装卸费的影响比远洋班轮航线、近洋班轮航线、沿海班轮航线更显著，因为航线越长，班轮公司运费越高，码头集装箱装卸费所占其总费用的比例越小，影响越小；反之，航线越短，班轮公司运费越有限，码头费用占其总费用的比例越大，影响越显著。

扶持班轮公司政策作用逐渐明显，箱贴、减免过路费、降低装卸费等政策通过影响腹地货主出货港选择，提升港口的揽货能力，进而影响班轮航线的挂港选择。集疏运系统效率影响不明显，这一点与前面几种类型航线的结论基本一致。

表 5.14　长江三角洲集装箱长江班轮支线回归分析比较

时间	模型	X_1	X_2	X_3	X_4	X_5	X_6	X_7	X_8	X_9	X_{10}	X_{11}
	模型 1	0.62				0.43	−0.14	0.48				−0.62
	模型 2		0.87***				−0.29	0.81				−0.78
	模型 3			0.85	0.52		−0.30	0.76				−0.72
	模型 4			5.67***			−0.14	1.47***	−1.22***			−0.95**
2002 年	模型 5			−6.62			−0.42	0.72		7.29		0.07
	模型 6			−6.49			−0.48	0.91				−0.85
	模型 7				−0.49	1.36	−0.21	0.93				−0.84
	模型 8					1.88	−0.17	1.29	−1.21			−0.98
	模型 9					1.23	−0.21	0.95			−0.35	0.47
	模型 1	0.59**				0.38*	−0.31			0.23		
	模型 2	0.21*					−0.08	0.85**			0.77***	0.31
	模型 3		0.90***				−0.03					0.13
	模型 4		1.89***				−0.04			0.01		0.14
2013 年	模型 5			0.80***		0.32**	−0.23*					0.33*
	模型 6		0.12					0.95**			0.78***	0.13
	模型 7				1.00***		−0.14			0.12		
	模型 8				0.99***		−0.08		0.29**			0.48**
	模型 9		1.86***				−0.05		0.19			

注：*表示在 0.1 水平显著，**表示在 0.05 水平显著，***表示在 0.01 水平显著

　　总体来看，港口集装箱吞吐量、港口硬件设施水平、港口物流服务水平等一直是班轮公司布局班轮航线重点考虑的因素，其中港口集装箱吞吐量是班轮公司是否增开航线及布置船型和船期最重要的因素，一直处于最显著的水平；此外，码头集装箱装卸费、港口装卸效率、航运保险服务水平、扶持班轮公司政策等对班轮网络的影响逐步增强，其中码头集装箱装卸费对班轮公司的影响变化最为明显，由不显著变为显著为正，成为左右集装箱班轮航运网络演化的关键因素；而集疏运系统效率对长江三角洲班轮航运网络的影响难以确定。

5.3 集装箱班轮网络挂港选择机理问卷验证

通过多元线性回归模型分析了长江三角洲集装箱班轮网络演化的影响因素，并定量测度各要素的贡献度。为了进一步验证多元线性回归模型计算结果是否科学，本书选取了港口管理者、班轮公司、货主等港口物流链中最重要的环节和从事港口物流研究的专家、学者进行实地调研与访谈。

5.3.1 调研访谈对象

根据本书进度要求，作者于 2013 年 11 月和 2014 年 3 月及 4 月分别调研访谈了南京港、宁波港、上海港等长江三角洲典型港口管理者、班轮公司、货运代理等，以期增加本书的应用性和科学性，调研与访谈对象见表 5.15。

表 5.15 调研访谈对象及其基本资料

序号	调研对象名称	地址	性质
1	上海国际港务（集团）股份有限公司	上海市虹口区大名路 358 号	港口管理者
2	中远集装箱运输有限公司	上海市东大名路 378 号	班轮公司
3	中海集装箱运输股份有限公司	上海浦东新区福山路 450 号	班轮公司
4	上海泛亚航运有限公司	上海市东大名路 658 号	班轮公司
5	川崎汽船（中国）有限公司	上海市徐家汇路 610 号	班轮公司
6	上海亚东国际货运有限公司	上海市延安东路 45 号	货运代理
7	上海恒荣国际货运有限公司	上海市长宁区金钟路 999 号	货运代理
8	宁波市口岸协会	宁波市大梁街 48 号	港口管理者
9	宁波港东南物流有限公司	宁波市江东区昌乐路 258 号	班轮公司
10	宁波中远海运集装箱运输有限公司	宁波市高新区星海南路 8 号	班轮公司
11	民生轮船股份有限公司宁波分公司	宁波市大来街 50 号	班轮公司
12	宁波大港	宁波市进港中路 689 号	集装箱站点
13	宁波泛洋国际货运代理有限公司	宁波市中兴街 138 号	货运代理
14	宁波致远国际货运代理有限公司	宁波市永丰路 199 弄 37 号	货运代理
15	宁波工程学院国际港口与物流研究中心	宁波市风华路 201 号	研究机构
16	南京港（集团）有限公司	南京市下关区龙江路 28 号	港口管理者
17	马士基（中国）航运有限公司南京分公司	南京市中山路 268 号	班轮公司
18	利胜地中海航运（上海）有限公司南京分公司	南京市中山路 268 号	班轮公司
19	民生轮船股份有限公司南京分公司	南京市陕西路 68 号	班轮公司

续表

序号	调研对象名称	地址	性质
20	南京冠宇集卡运输有限公司	南京市栖霞区合班村 68 号	集卡公司
21	江苏瑞嘉国际物流有限公司	南京市中山路 268 号	货运代理
22	上海元瀚国际货运代理有限公司南京分公司	南京市中央路 257-27 号	货运代理

访谈内容包括调研对象的基本情况、基础设施、箱量规模、港口效率、港口费用、扶持政策和配套产业等方面，从长江三角洲集装箱港口体系 11 个港口中遴选上海港、宁波港、南京港 3 个最具代表性的港口及其管理者、班轮公司、货主、货运代理等作为框架，共涉及港口管理者 3 人、班轮公司 10 家、货运代理公司 6 家、集卡公司 1 家、研究机构 1 家、集装箱站点 1 个，于 2013 年 11 月至 2014 年 4 月面对面访谈并发放 22 份调查问卷，回收 22 份（回收率 100%），且全部为有效问卷。

5.3.2　调研访谈内容

（1）港口（或班轮公司）集装箱运输及班轮航线发展历程。

（2）港口与周边港口相比在吸引班轮公司（或货主、货运代理）方面存在的优势。

（3）班轮公司增设航线、选择挂港主要考虑的因素。

（4）货主或货运代理进出货物选择港口主要考虑的因素。

（5）港口为吸引班轮公司（或货主、货运代理）集群集聚，欲采取的措施。

5.3.3　调研访谈分析

5.3.3.1　港口箱量和装卸堆存费是影响班轮公司是否挂靠的首要因素

涉及班轮公司航线挂靠港选择影响因素的问卷共计 16 份，其中港口管理者 3 份、班轮公司 10 份、集卡公司 1 份、研究机构 1 份、集装箱站点 1 份。问卷统计显示（表 5.16），"港口货物吞吐量"与"港口装卸堆存费等在港成本"是影响集装箱班轮航线挂靠港选择最重要的两个因素，两个因素重要性得分分别为 74 分和 63 分，远高于其他因素。其中箱量规模最为重要，被访者普遍认为箱量是班轮公司是否增开航线、布置运力最基本的前提，也是决定班轮公司是否获利或获利多少的重要保障；而港口费用在集装箱班轮网络演化的作用与前述模型计算结果存在差异,被访者一致认为港口费用是仅次于港口箱量的影响因素。另外,"港口管理与服务水平"、"港口基础设施"、"港口辅助系统效率"等也是比较重要的因素,重要性得分分别为 49 分、41 分和 36 分,其中港口对客户需求的响应速度、货损的处理方式、收费的规范程度等港口管理水平对班轮公司和货主的港口选择影响越来越大;港口基础设施对班轮公司布局航线的影响小于装卸堆存费因素,这与前述多元线性回归模型计算结果略有差异。"船舶在港生产性停泊时间"、"船舶在港非生产性停泊时间"、"金融、保险、物流等航运产业发展水平"、"政策环境"也是影响班轮航线选择港口的重要因素,其中过路费与装卸费减免、箱贴等补贴政策对港口腹地货主的吸引力较大。相对而言,在港口自然条件满足船舶靠泊的前提下,"港口区位条件"、"港口集疏运系统效率"、"港口服务时间"等因素对班轮航线挂靠港的选择影响较小。

表 5.16　集装箱班轮航线挂靠港选择影响因素重要性统计

序号	影响因素	各因素选择次数		重要性得分/分
		选择次数/次	占比/%	
1	港口区位条件	9	56.25	17
2	港口基础设施	13	81.25	41
3	港口货物吞吐量	16	100.00	74
4	船舶在港生产性停泊时间	10	62.50	28
5	船舶在港非生产性停泊时间	9	56.25	25
6	港口辅助系统效率	11	68.75	36
7	港口集疏运系统效率	7	43.75	12
8	港口装卸堆存费等在港成本	16	100.00	63
9	金融、保险、物流等航运产业发展水平	13	81.25	23
10	港口管理与服务水平	16	93.75	49
11	港口服务时间	11	68.75	12
12	政策环境	9	56.25	22
13	港口信誉	8	50.00	12

注:重要性得分采用打分法统计,即最重要计 5 分、很重要计 4 分、重要计 3 分、重要性一般计 2 分、不重要计 1 分、基本可以忽略计 0 分

5.3.3.2　港口船期及装卸堆存费是影响货主或货运代理择港进出货的关键因素

涉及货主港口选择影响因素的问卷共计 12 份,其中港口管理者 3 份、货运

代理 6 份、集卡公司 1 份、研究机构 1 份、集装箱站点 1 份。资料梳理和统计显示（表 5.17），"港口挂靠班轮公司数量、班轮密度"与"港口的装卸费、堆存费等在港发生成本"等是影响货主选择港口进出货物的首要因素，重要性得分分别达到 57 分和 53 分，被访者均认为港口的航线与船期决定了货主出货的速度和运达客户的时间，是货主最为看重的因素，而装卸堆存费等在港发生成本则决定了货主的利润。"陆上运输成本"、"陆上运输时间"、"班轮公司的运价政策"、"港口管理与服务水平"、"车、船在港的非生产性停泊时间"等因素对货主港口选择具有较大影响，各因素重要性得分分别为 34 分、24 分、17 分、17 分和 17 分；而"货物运输的辅助性工作是否畅通"、"港口货物代理费差异"、"港口服务时间"等因素对货主出货择港的影响相对微弱。总体来看，班轮密度、作业成本、运输时间、港口效率、服务水平等是货主选择出货港最主要的因素。此外，在调研中发现，有些货主对出货港基本没有选择权，原因是公司和班轮公司签订长期合同，出货港由班轮公司指定。

表 5.17　货主（货运代理）港口选择影响因素的重要性统计

序号	影响因素	各因素选择次数		重要性得分/分
		选择次数/次	占比/%	
1	货物所在地距港口的陆上距离	12	100.00	18
2	陆上运输成本	11	91.67	34
3	陆上运输时间	10	83.33	24
4	车、船在港的生产性停泊时间	9	75.00	14
5	车、船在港的非生产性停泊时间	8	66.67	17
6	港口的装卸费、堆存费等在港发生成本	12	100.00	53
7	班轮公司的运价政策	7	58.33	17
8	港口挂靠班轮公司数量、班轮密度	12	100.00	57
9	货物运输的辅助性工作是否畅通	8	66.67	7
10	港口管理与服务水平	8	66.67	17
11	港口货物代理费差异	7	58.33	6
12	港口服务时间	6	50.00	7
13	港口的信誉	9	75.00	12
14	是否有在港口走货的记录	9	75.00	8

注：重要性得分采用打分法统计，即最重要计 5 分、很重要计 4 分、重要计 3 分、重要性一般计 2 分、不重要计 1 分、基本可以忽略 0 分

　　港口在班轮公司和货主选择方面基本处于被动接受状态。调研发现，目前上海港、宁波港、南京港等主要集装箱港口和其他港口普遍处于"饥饿"状态，港口间的货源、班轮公司、费用、政策等竞争十分激烈，班轮公司作为影响港口地位的决定性因素而成为港口间争夺的主要对象。班轮公司设立分公司、增撒航线等综合考虑港口箱量、市场、费用、效率等因素来选择港口，而港口则基本处于"来者不拒"的状态，上海港、宁波港、南京港等港口管理者的访谈验证了这一结论（图 5.8）。此外，调研发现，货运代理、货主或班轮公司普遍对目前长江三角洲港口管理水平、收费项目、通过效率等方面存在一定看法。19 份问卷（港口管理者 3 份、货运代理 6 份、班轮公司 10 份）显示，未来长江三角洲港口群若要进一步吸引货主和班轮公司靠港服务，还需要在规范和降低港口费用、优化政策环境、完善服务水平、提高通过效率和装卸效率等方面进一步改善和提升（图 5.9）。

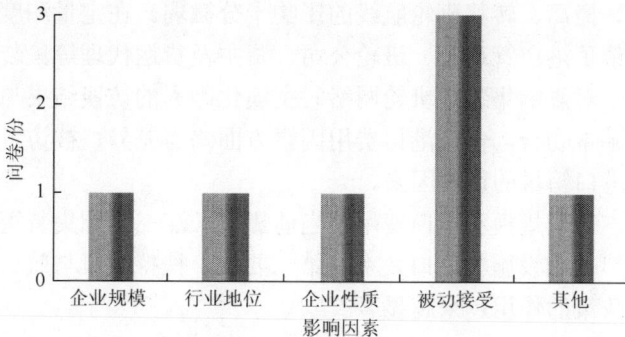

图 5.8　港口选择班轮公司考虑的因素

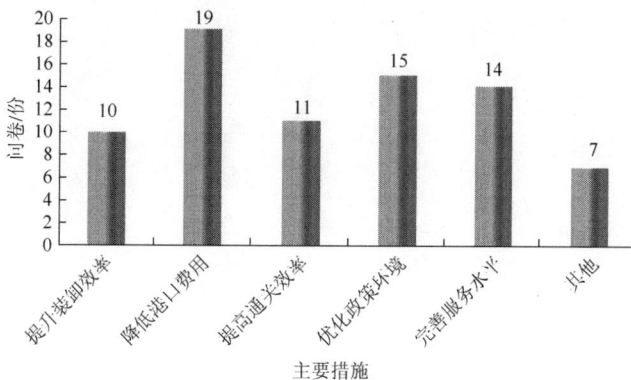

图 5.9　港口吸引班轮公司（货主）的措施

5.4　小　　结

多元线性回归模型计算显示，影响班轮公司班轮航线变化的第一因素是港口箱量规模。第二因素是港口基础设施，其中以装卸桥数量的影响最显著，但随着长江三角洲集装箱港口体系基础设施的日渐均质化，其对班轮航线布局的影响将逐渐减退。第三因素是港口费用，其对不同类型集装箱班轮航线布局的作用存在差异。总体来说航线越长，港口费用的影响越弱，具体表现为长江班轮支线＞沿海班轮航线＞近洋班轮航线＞远洋班轮航线。第四因素是港口效率，其对集装箱班轮航线布局的影响与港口费用因素相反，总体表现为长江班轮支线＜沿海班轮航线＜近洋班轮航线＜远洋班轮航线。第五因素是扶持政策及航运配套产业，其对班轮公司航运网络变化的作用日渐增强，其中扶持政策变化的较为显著。第六因素是集疏运系统效率，在长江三角洲这个腹地交通网络十分发达的地区，其对班轮公司增设、撤离、转移班轮航线的影响十分微弱。在定量测度的基础上，作者实地调研访谈了港口管理者、班轮公司、货主及货运代理等集装箱班轮运输链上的主要节点，对影响集装箱班轮网络时空演化因素的访谈结果与多元线性回归模型计算结果基本吻合，仅在港口费用因素方面略有差异，被访者一致认为港口费用是仅次于港口箱量的影响因素。

总体来看，箱量规模和港口费用是当前影响长江三角洲集装箱班轮网络演化第一要素，港口基础设施与港口效率是第二要素，扶持政策与航运配套产业是第三要素，其中政策的作用越来越显著。

6 长江三角洲集装箱班轮网络演化的空间效应

20世纪90年代以来，长江三角洲集装箱班轮网络发生了较大变化，突出表现在班轮航线和班轮密度两个方面，这种时空变化反作用于长江三角洲集装箱港口体系，对长江三角洲集装箱港口体系的港区码头、港口体系结构及港口航运地位等产生了显著影响。本章从航运网络地位、港口体系等级结构和职能结构、港区码头设施对长江三角洲集装箱班轮网络的演化效应展开讨论。

6.1 对港口航运网络地位的影响

20世纪90年代初期，上海港、宁波港、大连港、青岛港等港口国际集装箱运输刚开始发展，加之7m航道水深的限制，港口基本以釜山港、香港港、新加坡港等港口的支线港身份出现［图6.1（a）］。班轮公司干线班轮进出上海港均要候潮，进出港时间比釜山港、香港港、高雄港等自然条件优越的港口多约1天，船期损失10万美元左右，严重影响了上海港在东北亚港口体系中的网络地位。1994年上海港119.9万TEU集装箱吞吐量中，近洋箱占80%，远洋箱仅占14%，沿海、长江内支线箱量合起来占6%，大部分远洋箱通过近洋班轮航线的支线船周转至釜山港、香港港等枢纽港口，再转入远洋干线的大型集装箱船舶［图6.1（a）、图6.2］。

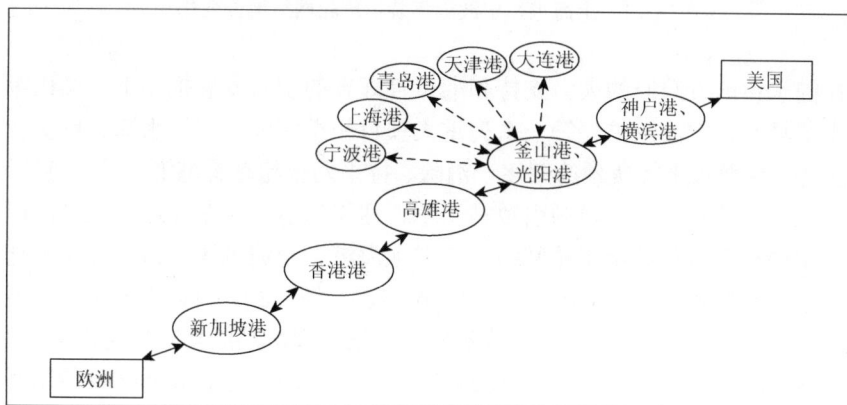

(a) 20世纪90年代初期

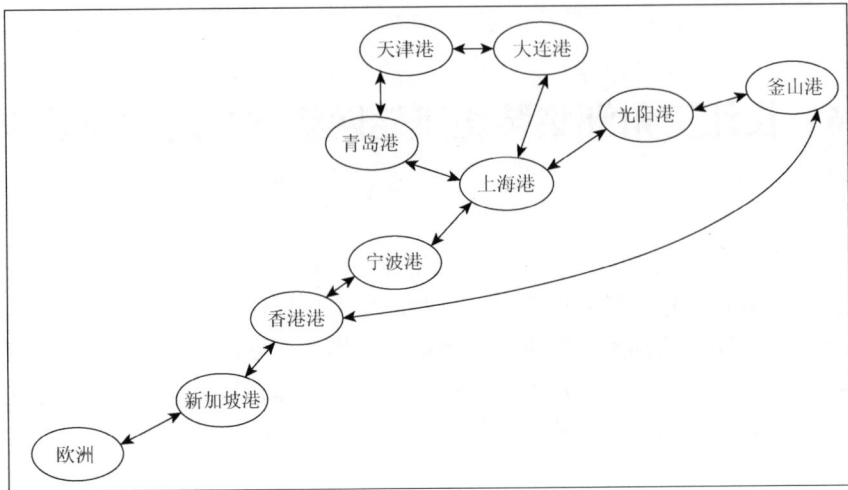

(b) 马士基航线

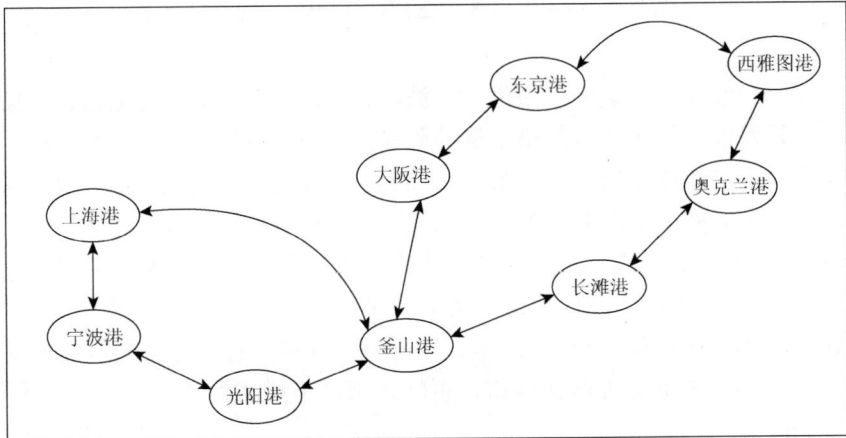

(c) 中远集运航线

图 6.1　上海港、宁波港集装箱班轮网络地位变化

　　在国家和地方政府的大力支持和港口管理者的创新发展推动下，洋山港、上海自由贸易区、宁波港扩建等一系列重大项目相继完成，航道水深、码头作业、政策服务、管理水平等瓶颈约束逐一消除，持平乃至超越香港港、釜山港等港口。同时，长江三角洲巨大的箱源引致马士基、达飞海运、长荣海运、地中海航运等班轮公司调整全球集装箱班轮网络，挂靠上海港、宁波港等港口，并将其作为全球三大干线的首靠港或尾靠港［图 6.1（b）（c）、图 6.2］。目前上海港、宁波港已由 20 世纪七八十年代的东北亚集装箱班轮网络的喂给港成功转型为国际枢纽港，主要体现在：①1/3 以上的三大干线的班轮挂靠上海港、宁波港；②集装箱吞吐量中，远洋航线的箱量相当于甚至超过近洋航线的箱量；③挂靠上海港、宁波港的

干线班轮以 4000TEU 以上的超巴拿马型集装箱船为主体,所占运力超过 40%。总体来看,近十几年来集装箱班轮航线、船期和船型的发展已促使长江三角洲集装箱港口体系成为世界集装箱班轮网络的重要节点和中转枢纽。

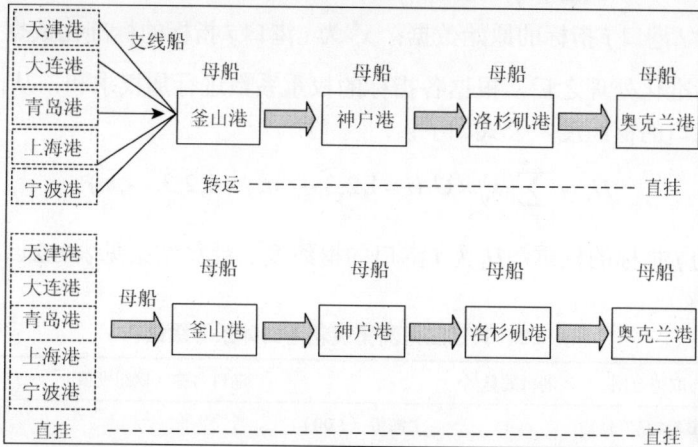

图 6.2 上海港、宁波港集装箱班轮网络地位变化(中海集运中国—美东航线)

6.2 对港口体系等级结构的影响

集装箱港口体系作为传统港口地理学的重要研究内容之一,港口体系结构的研究受到众多学者的关注,用集装箱吞吐量作为衡量港口枢纽港地位的主要指标已成为学者的共识(Notteboom,1997;曹有挥,2001)。限于资料及集装箱班轮发展历史等缘由,从航线角度探析港口等级体系变化的国内研究还比较稀少,仅有王成金进行了初步研究(王成金和金凤君,2006;王成金,2012)。本书借助王成金(2012)提出的港口枢纽度评价指标体系,对班轮航线和班轮密度等指标(表 6.1)分析长江三角洲集装箱港口体系等级结构。

表 6.1 港口枢纽度评价指标体系

一级指标	二级指标	权重(Gi)	诠释
生产能力	集装箱吞吐量	0.30	反映港口集装箱运输的生产规模
组织能力	班轮航线数量	0.20	反映港口在集装箱班轮网络中地位
	班轮航班密度	0.16	反映港口集装箱班轮靠泊的频率
网络能力	通达港口数量	0.12	反映港口在全球班轮网络中的通达性
	运输联系规模	0.08	反映港口在全球班轮网络中的通达性
辐射能力	首位联系数量	0.14	反映对其他港口的辐射与吸引能力

上述 6 个指标数据的量纲不同，在进行计算之前需要将数据标准化，以消除量纲差异对评价结果的影响，具体方法如下：

$$x_{ij}^* = \frac{x_{ij} - \min(x_i)}{\max(x_i) - \min(x_i)} (i=1,2,3,\cdots,n; j=1,2,3,\cdots,m) \tag{6.1}$$

式中，x_{ij} 为 i 港口 j 指标的原始数据；x_{ij}^* 为 i 港口 j 指标的标准化数据。

数据标准化处理之后，根据各指标的权重系数进行加权求和，从而得到长江三角洲各港口的枢纽度，公式如下：

$$H_i = \sum_{i=1,j=1}^{n,m} x_{ij}^* \times G_j (i=1,2,3,\cdots,n; j=1,2,3,\cdots,m) \tag{6.2}$$

式中，G_j 为 j 指标的权重；H_i 为 i 港口的枢纽度。计算结果见表 6.2。

表 6.2　长江三角洲集装箱港口体系等级结构

等级	取值范围	港口数量/个	港口名称（枢纽度值）
1	$0.8 < H_i \leqslant 1$	1	上海港（1.00）
2	$0.1 < H_i \leqslant 0.8$	1	宁波港（0.58）
3	$0.05 < H_i \leqslant 0.1$	3	南京港（0.08）、太仓港（0.09）、张家港港（0.06）
4	$0 \leqslant H_i \leqslant 0.05$	7	南通港（0.04）、江阴港（0.03）、常熟港（0.02）、镇江港（0.02）、扬州港（0.02）、泰州港（0.02）、嘉兴港（0.01）

前述研究表明，随着集装箱班轮运输的发展，长江三角洲班轮航线和班轮密度均获得显著提升。与此同时，也促进了长江三角洲地区枢纽港、干线港和支线港的分异，形成集装箱港口体系等级结构。表 6.2 计算结果表明，在集装箱班轮运输网络的发展与分异作用下，长江三角洲地区已基本形成以上海港（1.00）为第 1 等级，宁波港（0.58）为第 2 等级，南京港（0.08）、太仓港（0.09）、张家港港（0.06）为第 3 等级，其他港口为第 4 等级的金字塔式集装箱港口等级结构。

6.3　对港口体系职能结构的影响

班轮公司通过新增、撤离或改变航线挂靠时序对区域内港口体系职能结构产生影响，促进原本均质的港口体系产生职能分异，形成集装箱枢纽港、干线港、支线港、喂给港的职能结构。远洋干线挂靠集聚、班轮密度高的港口则成为集装箱枢纽港，与国际其他枢纽港通过远洋干线联系，班轮以 6000TEU 以上的巨型船舶为主，承担区域货源出口或中转职能；近洋航线或沿海航线挂靠集聚的港口，则成为干线港，通过近洋航线或沿海航线链接其他干线港或国际性枢纽港，班轮以 4000~6000TEU 的大型船舶为主；以内河支线或沿海支线靠泊为主的集装箱港口，则成为支线港或喂给港，承担集聚腹地箱源，并通过支线喂给干线港或枢纽港。本书利用港口班轮密度和市场覆盖率（即 4.4 节的港口覆盖率指标）等指标，结合国际班轮航线（远洋班轮航线+近洋班轮航线）、沿海班轮航线和长江班轮支线等航线类型，分析集装箱班轮网络对港口体系职能结构的影响。

如图 6.3 所示，对外联系方面，长江三角洲集装箱港口体系可分为三组：第一组是上海港、宁波港，是对外连接度最强的港口；第二组是太仓港、南京港、张家港港、南通港等港口，存在对外联系，但联系较弱，市场覆盖也较为单一，主要集中亚洲区内，且组内班轮密度存在较大差异；第三组为剩下的其他港口，国际班轮航线基本不挂靠服务，主要以沿海班轮航线或长江班轮支线为主。所以，从对外联系职能来看，上海港和宁波港主要承担国际性枢纽港职能，而太仓港、南京港、张家港港、南通港则为区域性枢纽港，即干线港，其他港口为支线港。

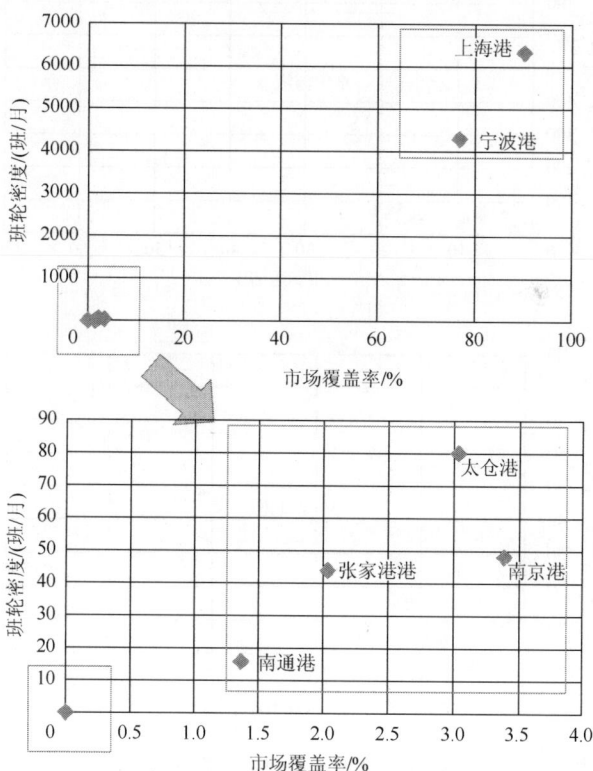

图 6.3 基于国际班轮航线的长江三角洲集装箱港口班轮密度和市场覆盖率

如图 6.4 所示,在沿海集装箱班轮航线的链接和中转方面,长江三角洲集装箱港口体系可以分为五组,第一组是上海港,班轮密度和市场覆盖率远高于其他港口,是连接度最强的港口;第二组是宁波港,虽连接度较强,但与上海港相比,对我国沿海港口链接的规模和强度均有较大差距;第三组是太仓港、张家港港、南京港,与我国沿海港口存在一定联系,联系强度位居沿江港口首位;第四组是常熟港、镇江港、江阴港,与我国沿海港口的联系较弱;第五组是南通港、扬州港、嘉兴港、泰州港,与沿海港口的联系非常微弱,其中嘉兴港的班轮联系主要集中于宁波港。所以,在沿海班轮航线联系方面,上海港的全国枢纽中转职能非常显著,在市场覆盖率和班轮联系强度方面均较突出,而宁波港则存在一定差距。其他的港口,总体联系较弱,其中以太仓港、张家港港、南京港为最,常熟港、镇江港、江阴港等为次,南通港、扬州港、嘉兴港、泰州港等联系强度最低。

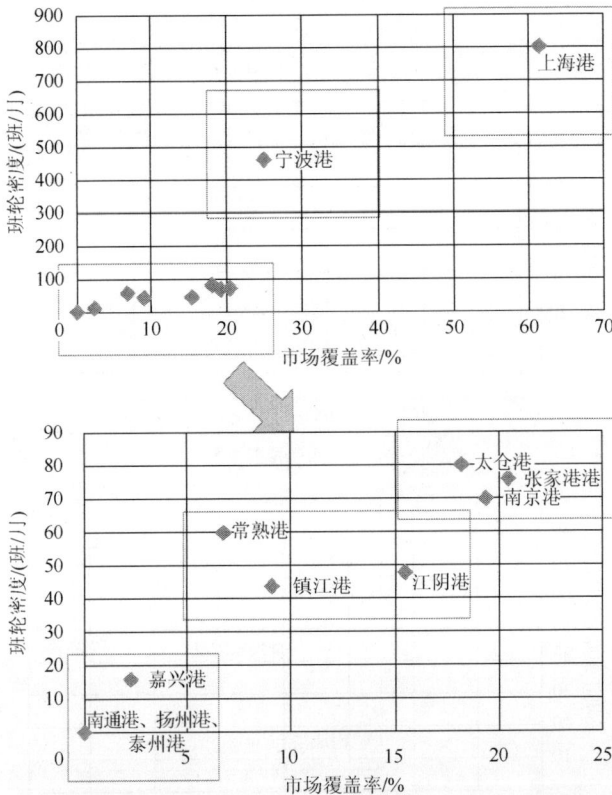

图 6.4 基于沿海班轮航线的长江三角洲集装箱港口班轮密度和市场覆盖率

如图 6.5 所示，在长江班轮支线联系方面，长江三角洲集装箱港口体系可以分为四组，第一组是上海港，连接度最强；第二组是太仓港、南京港等港口，虽然港口覆盖率方面超过 93%，与上海港的市场覆盖率差距微弱，但在班轮密度方面与上海港存在显著差距；第三组是沿江其他港口，联系强度较弱；第四组是宁波港，其与沿江港口之间的班轮联系几乎为零，目前主要通过海铁联运的方式连接长江沿线腹地。总体来看，上海港是长江三角洲地区市场覆盖率和班轮密度最高的港口，是区域主枢纽港，承担对外联系的门户职能；太仓港、南京港在市场覆盖率和班轮密度方面明显高于沿江其他港口，承担干线港职能；而其他港口主要职能是集聚腹地货物，喂给上海港、南京港、太仓港，承担支线港的职能。

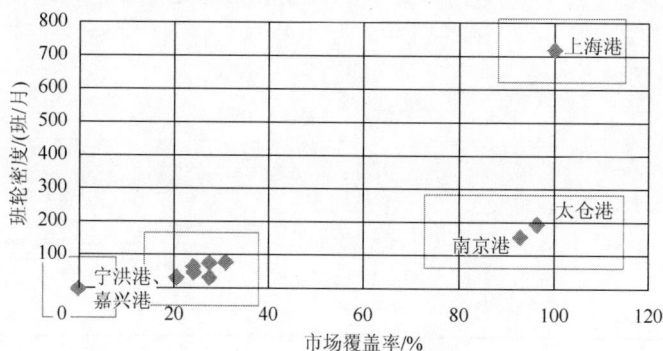

图 6.5 基于长江班轮支线的长江三角洲集装箱港口班轮密度和市场覆盖率

6.4 对港口港区码头设施的影响

在班轮公司激烈竞争的过程中，国际航运业发生着深刻变化，突出表现为船舶大型化、经营联盟化、运输干线化三个方面，其中尤以集装箱船舶大型化的发展趋势最为显著，根本原因是集装箱大型化能大幅度降低单位运营成本。相关部门测算，6000TEU 班轮比 4000TEU 班轮可减少 20%的成本。集装箱船舶规模越大，满载吃水就越深，对航道和码头水域的深度要求就越高。目前 2000TEU 船舶满载时吃水深度达到 12m，8000TEU 船舶满载时吃水深度达 14.5m，航道和码头水域深度为 15m。世界多数港口仅能满足第五代以下的集装箱船舶（5400TEU），而满足第六代以上大型船舶（6000TEU）挂靠的港口非常稀少，表明仅有少数港口能满足大型船舶挂靠并称为枢纽港，相应的水深要求也要达到 15～17m。为了满足大型船舶的靠泊要求，世界主要港口的集装箱码头从沿海沿江向出海口或沿海或外海转移，即发生港区外迁现象，以寻找更理想的深水泊位。目前，港区外移主要有两种形式，一是在原有区位的基础上，继续向外海迁移，以提高航道和泊位的水深，容纳大型集装箱班轮；二是迁离原有位置，在临近的深水海岸或海岛建立新港区，以容纳大型集装箱船舶。纵观世界港口的发展史，港区外迁已成为世界大型枢纽港普遍的发展趋势和规律，如伦敦港、鹿特丹港、汉堡港、不来梅港等。集装箱港区外迁的现象在长江三角洲地区的众多港口均有发生，如上海港、宁波港，其中上海港集装箱港区由吴淞→外高桥→洋山的迁移轨迹完美地诠释了港区由沿河→沿江→沿海→离岸枢纽的演化历程（图6.6，表6.3）。

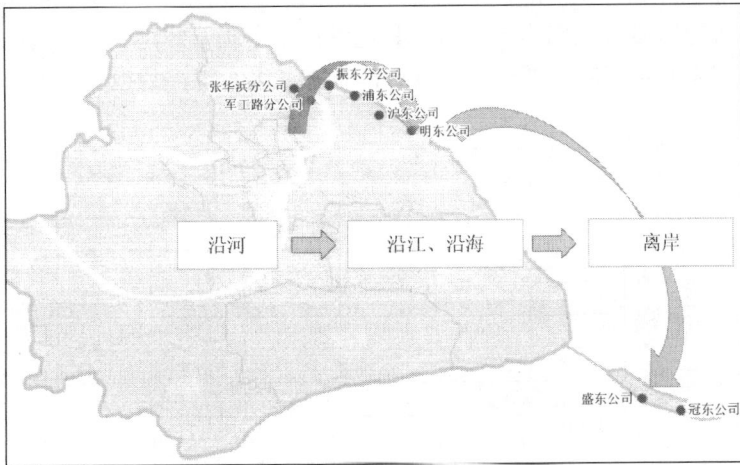

图 6.6　上海港集装箱港区外迁的历史轨迹

表 6.3　上海港 8 个集装箱港区的主要参数

项目	军工路	张华浜	振东	浦东	沪东	明东	盛东	冠东
码头长度/m	857	784	1566	900	1250	1110	3000	2600
泊位个数/个	4	3	5	3	4	4	9	7
前沿水深/m	−10.5	−10.5	−13.2	−10.5	−12.5	−12.8	−16	−17.5
桥吊/台	6	7	26	11	16	16	34	26
RTG/台	15	18	79	42	48	48	108	82
正面吊/台	2	1	5	3	3	2	5	6
堆场面积/万 m²	30.7	30.4	94.7	27.9	78.4	82.7	148.6	141.8
仓库面积/万 m²	0.45	—	0.58	0.52	0.94	0.95	—	—
吞吐能力/（万 TEU/年）	85	95	250	135	180	70	430	500

集装箱班轮网络的演化对码头设施的配置及其效率也提出了更高的要求，如9000TEU 集装箱船舶的宽度达 45.6m，可并排装载 18 个集装箱，这就要求港口配置外伸距更长的、能装卸 18 个集装箱的大型装卸桥。

为适应船舶大型化的装卸要求，长江三角洲主要集装箱码头基本形成以第四代、第五代的超巴拿马型装卸桥为主的码头装卸设施，平均装卸效率达到40～60TEU/h。但由于沿海港口和沿江港口靠泊集装箱船舶的不同，上海港、宁波港装卸桥的轨距、负荷和外伸距等参数高于其他港口。例如，上海国际港务（集团）股份有限公司振东集装箱码头分公司的26台装卸桥和宁波北仑国际集装箱码头有限公司的11台装卸桥外伸距基本以50～60m的第五代集装箱装卸桥为主，明显高于其他集装箱码头的装卸桥参数（表6.4）。

表 6.4 2012 年长江三角洲主要集装箱码头装卸桥统计

公司	数量/台	购入年份	轨距/m	负荷/t	外伸距/m	公司	数量/台	购入年份	轨距/m	负荷/t	外伸距/m
上海国际港务（集团）股份有限公司振东集装箱码头分公司	3	1999	30	50	50	宁波北仑国际集装箱码头有限公司	4	1997	20	40.6	46
	2	2000	30	50	50		2	2000	20	40.6	50
	3	2001	30	60	60		2	2002	20	40.6	50
	2	2001	30	50	55		2	2003	20	40.6	50
	3	2002	30	50	52.5		1	2007	20	50.8	50
	1	2002	30	60	60	太仓国际集装箱码头有限公司	1	1998	30	40	45
	2	2003	30	61	60		1	2000	30	41	45
	2	2004	30	61	60		1	2005	30	40	45
	3	2004	16	40	35		1	2007	30	40	45
	1	2006	30	65	60	张家港永嘉集装箱码头有限公司	1	1992	16	30.5	35
	1	2006	16	40	30		1	1993	16	35	44
	1	2006	16	40	35		1	1997	16	40	44
	2	2008	30	65	60		1	2005	16	40.5	44
南京港龙潭集装箱有限公司	4	2004	24	40.5	40		1	2006	16	60	44
	2	2006	24	40.5	40		1	2008	16	61	44
	2	2009	24	41	40	扬州远洋国际码头有限公司	1	2005	22	40.5	38
	2	2012	24	65	40		1	2007	22	40.5	38
镇江港国际集装箱码头有限公司	1	2003	16	40	38		2	2011	10.5	35	30
	2	2007	22	50	45						

资料来源：中国港口年鉴编辑部（2013）

6.5 讨 论

根据港口体系航运网络演化的理论模式和影响因素的作用机理，可以判定目前长江三角洲集装箱班轮网络整体上处于第四阶段,即集装箱班轮网络完善阶段。未来演化方向和趋势除遵循系统自身规律外,还与港口体系外部的宏观环境变化密切相关,本章结合长江三角洲未来的经济发展走向及对外贸易的发展预期,对长江三角洲集装箱班轮网络未来演化趋势进行预判。

(1)上海港的长江流域乃至全国港口体系枢纽港地位进一步强化,洋山港和外高桥港区职能进一步分异。依据长江三角洲经济和对外贸易良好发展的基本面及其港口体系软硬设施的完善,未来班轮公司的各类航线及船期将进一步集聚长江三角洲集装箱港口体系,并伴随航线结构的调整与优化。上海港将成为长江流域乃至全国港口体系的枢纽港,尤其是洋山离岸枢纽港后续港区的开港、发展与成熟,将对上海港原有远洋班轮航线、近洋班轮航线、沿海班轮航线、长江班轮支线等集装箱班轮航线布局产生深刻影响,两港区因水深、费用、区位等因素的巨大差异将进一步引致航线类型、船舶配置及班轮密度等分异。届时洋山港将成为沿海港口(青岛港、大连港、新港港、连云港港、福州港等)和长江沿线港口(武汉港、芜湖港、南京港、张家港港、南通港、镇江港、扬州港、苏州港等)的中转基地,吸引沿海班轮航线和长江班轮支线进一步集聚。综合考虑,外高桥港区的成熟运营和长江航道的疏浚,以及洋山港自由贸易区的配套政策,未来外高桥港区和洋山港区将会形成功能各异的港区,外高桥港区主要为直接腹地提供服务,发展重点转向于现代物流、航运金融、船舶注册与交易、海事仲裁、航运咨询等高端的航运服务业;洋山港区则专于发展长江中转、沿海中转及国际中转等中转运输业务,并兼顾本地运输,以远洋集装箱班轮航线、巨型班轮靠泊服务为主体,结合自由贸易区,带动港务管理、航运交易、货运代理、商业贸易、流通加工、金融保险、咨询法律等航运服务业发展。

(2)宁波港继续发挥深水良港优势,强化国际枢纽港地位。宁波港与上海港的竞争与合作左右着未来两港的发展趋势及班轮航线的空间格局,这一直是国家、地方政府、企业、学者重点研究而又无法定论的课题。但毫无疑问的是,目前上海港与宁波(舟山)港之间仍以竞争为主,两者之间的合作相对较少,中央政府将行政区划上实属浙江省舟山市的大洋山岛和小洋山岛的建设经营权划给上海港就是很好的佐证。上海港一直受到中央政府和上海地方政府的双重重视,独享许多政策和资源优势,而宁波(舟山)港更多只能依靠浙江地方政府的支持。发展至今,上海港有"软优势",而宁波(舟山)港则拥有明显的"硬优势",具体表现为航道水深、作业天数等自然条件方面,宁波港优势明显(一年内洋山港码头作业近1/3的时间或多或少受到气象条件的影响),但在信息化程度、服务质量、集装箱装卸费率及集疏运网络等方面,宁波港均处于劣势。根据本书的理论分析可知,未来宁波港作为上海国际枢纽港的边缘港口,在逐步消除信息化程度、服务质量、集装箱装卸费率及集疏运网络等瓶颈约束,将凭借其大型深水直挂港的优势，进一步吸引远洋集装箱班轮干线和大型集装箱班轮挂靠服务，成为长江三角洲集装箱港口体系的第二个国际性枢纽港，与上海港在服务区域上形成互补，促进港口资源的优化组合。

（3）太仓港、南京港等港口扩大航线和班轮优势，确立长江枢纽港地位。长江经济带作为我国重要的经济带，具有较为优良的区位优势和相当的经济实力，随着沿江地区经济发展目标的逐步实现，以及区域内综合运输网络与国家综合运输网络的逐步融合与完善，未来长江经济带的物流服务将超出腹地的地理范围，物流需求分布的外延性开始增强。"十二五"规划以后，随着长江流域经济的增长，长江沿线港口吞吐量继续保持增长态势，为集装箱班轮运输的进一步发展提供了货源保障。长江下游地区，南京港作为长江航运中心，太仓港作为上海港的北翼组合港，将对沿江货源的吸引力进一步加强，促进长江班轮支线和船期的新一轮聚集与发展；此外，两港在长江班轮支线和班轮密度进一步集聚发展的基础上，近远洋航线靠泊服务也存在一定的发展空间。届时，太仓港将成为长江流域的江海联运中转枢纽港和集装箱干线港；南京港则发展成江海换装、水陆中转和货物集散的江海型主枢纽港，与上海国际航运中心协同发展，成为长江航运中心和国家现代物流中心。

（4）其他港口作为上海港或宁波港的喂给港。未来镇江港、张家港港、常熟港、南通港、扬州港、嘉兴港等港口仍以集装箱支线班轮运输为主，随着长江12.5m深水航道疏浚工程的实施，长江航运能力将得到进一步释放，长江支线班轮运输的船型配置、航线数量和班轮密度等方面均有较大提升空间。同时，沿海的嘉兴港、温州港、台州港等港口在政府腹地交通费减免、港口装卸费补贴等政策及宁波港务集团的股权投资、兼并经营、码头网络扩张等措施下，未来将作为宁波港的喂给港转运浙南、浙西南等地区的货物，在支线航线和班轮密度方面会有一定的加强。

展望未来，长江三角洲地区将会形成以上海港为国际贸易枢纽中转港，以宁波港为干线直挂港，以南京港、太仓港为支线枢纽港，其他港口为喂给港的结构合理、分工明确、航线班轮组织有序的港口体系职能结构。

7 研究结论与展望

作为一个较新的科学概念，班轮网络是指班轮公司通过挂靠港、航线、运力等资源的有效组织形成的航运网络，如挂港选择、港序安排、航线结构、运力组织等。本书首先对港口体系发展与演化影响因素、班轮网络挂靠港选择、班轮网络对港口竞争的影响、班轮网络设计与优化等集装箱航运网络的相关研究脉络与进展进行了梳理简评，通过分析港口、货主、班轮公司、政府等要素在集装箱班轮网络演化中的内在作用机理，归纳演绎集装箱班轮网络演化模式。在梳理长江三角洲集装箱班轮运输发展历程和集装箱港口体系演化进程的基础上，综合考虑实证对象的典型性和代表性，选取全球集装箱运输最活跃和班轮网络较完善的长江三角洲地区作为案例区域，并界定了本书研究时间、数据和对象，分别从班轮航线、班轮密度、港口通达性和港口空间联系四个方面探析了 1996～2013 年长江三角洲集装箱班轮网络的时空演化。结合国内外研究成果和长江三角洲集装箱港口体系实情，遴选集装箱班轮网络港口的影响因素，通过多元线性回归模型测算各要素的贡献率，确定班轮公司增撤、布局集装箱班轮航线的关键影响因素，并通过上海港、宁波港、南京港等主要港口及马士基、中远集运、中海集运、地中海航运、民生轮等班轮公司的访谈和问卷等进行验证。最后，从航运网络、港口体系等级结构和职能结构、港区码头设施解析了长江三角洲集装箱班轮网络的空间演化效应，同时根据集装箱班轮网络演化模式、影响因素及作用机理、长江三角洲经济发展走向及对外贸易的发展预期，对未来长江三角洲集装箱班轮网络演化方向作了探讨。

7.1 结　论

（1）长江三角洲集装箱班轮运输发展历程。20 世纪 50 年代至今，长江三角洲集装箱班轮运输总体上经历了集装箱班轮运输的准备、萌芽、发展、勃兴和整合阶段，1978 年的改革开放、1985 年的航运市场开放、1996 年的上海国际航运中心建设和 2008 年的金融危机成为各个阶段划分的重要依据。

（2）集装箱班轮网络的形成演化机理。集装箱班轮网络的演化受到港口、货主、班轮公司、政府等不同主体的影响，并通过班轮航线、班轮密度等对港口腹地经济发展产生具体影响。在不同的演化阶段，各种因素作用的强度、方式等各不相同，并表现出一定的演化阶段。在一般情况下，港口体系集装箱班轮网络遵循散货（班轮）航线形成、集装箱班轮航线发育、集装箱班轮网络形成、集装箱班轮网络完善和集装箱班轮网络成熟五阶段演化模式。

（3）长江三角洲集装箱班轮网络时空演化。1996～2013年，长江三角洲集装箱港口班轮航线空间结构总体趋于集中，但不同航线类型呈现出不同的变化特征。长江班轮支线明显趋于集中，沿海班轮航线和近洋班轮航线先集中后分散，而远洋班轮航线则相反。上海港在集装箱班轮航线数量、班轮密度、港口覆盖率方面均领先于其他港口，国际枢纽港地位不断强化。宁波港虽然地处上海港附近，但在班轮航线、班轮密度、通达港口数量增长速度方面却超越上海港。经过近十几年的发展，宁波港客观上已经逐渐成长为国际枢纽港，但班轮网络组织与上海港相比还存在较大的差距。在长江班轮支线方面，基本形成以上海港为枢纽港、太仓港和南京港为干线港、其他港口为支线港的集装箱班轮运输网络。从空间联系角度看，上海港和宁波港间关系已由原来主要依托沿海班轮支线联系的喂给关系演化为主要依托国际班轮航线联系的竞争与合作关系。

（4）长江三角洲集装箱班轮网络挂靠港选择及形成机理。港口箱量规模是影响班轮公司班轮航线变化的首要因素。其次是港口费用，对不同类型集装箱班轮航线布局的作用存在差异。总体来说，航线越长，港口费用的影响越弱，具体表现为长江班轮支线＞沿海班轮航线＞近洋班轮航线＞远洋班轮航线。再次是港口基础设施，其中以装卸桥因素的影响最显著，但随着长江三角洲集装箱港口体系基础设施的日渐均质化，其对班轮航线布局的影响将逐渐减弱。然后是港口效率，其对集装箱班轮航线布局的影响与港口费用因素相反，总体表现为长江班轮支线＜沿海班轮航线＜近洋班轮航线＜远洋班轮航线。最后是政策环境及航运配套产业，其对班轮公司航运网络变化的作用日渐增强，其中扶持政策变化较为显著。

（5）长江三角洲集装箱班轮网络空间演化效应。长江三角洲集装箱班轮航运网络的变化深刻影响着长江三角洲集装箱港口航运网络地位、港口体系等级结构、港口体系职能结构、港区码头设施等方面。具体表现为：促使上海港、宁波港由釜山港、高雄港、香港港等东北亚集装箱班轮网络的喂给港转型为国际枢纽港，成为三大干线的首（尾）靠港和经由港；形成以上海港为第一等级，宁波港为第二等级，南京港、太仓港、张家港港等为第三等级，其他港口为第四等级的集装箱港口等级体系，同时也促使枢纽港、干线港和支线港的职能分异；推动上海港、宁波港等港区外迁，以寻找更理想的深水泊位，满足大型集装箱船舶的靠泊要求。

（6）长江三角洲集装箱班轮网络演化趋势。未来上海港外高桥港区和洋山港区将形成功能各异的港区，外高桥港区主要为直接腹地提供服务，发展重点转为现代物流、航运金融、船舶注册与交易、海事仲裁、航运咨询等高端航运服务业；洋山港区则专于发展长江中转、沿海中转及国际中转等中转运输业务，并兼顾本地运输，以远洋班轮航线、巨型班轮靠泊服务为主体。宁波港作为上海国际枢纽港的边缘港口，凭借其大型深水直挂港的优势，将进一步吸引远洋班轮航线和大型集装箱班轮挂靠服务，成为长江三角洲地区第二个真正意义上的国际枢纽港。南京港、太仓港对沿江货源的吸引力进一步加强，并促进长江班轮支线和船期的新一轮聚集与发展。镇江港、张家港港、常熟港、南通港、扬州港、泰州港、嘉兴港等港口仍以集装箱支线班轮运输为主。未来，长江三角洲地区将形成以上海港为枢纽中转港，以宁波港为干线直挂港，以南京港、太仓港为支线枢纽港，其他港口为喂给港的结构合理、分工明确、航网成熟的集装箱港口体系。

7.2　创　新　点

（1）本书从海向腹地班轮网络视角分析长江三角洲集装箱港口体系的发展演化区别以往关注交通、城市、产业等港口体系陆向腹地要素演化及其机理与效应的传统港口地理学研究，已有研究成果侧重于集装箱港口的箱量指标分析，而忽视了班轮航线、班轮密度等企业行为和过程指标的分析。从集装箱班轮网络视角开展研究，扩展了港口地理学的研究视角。

（2）本书将内河和沿海港口纳入统一的研究框架，从港口、货主、班轮公司、政府四个要素分析集装箱班轮网络演化的内在机理，总结散货（班轮）航线形成、集装箱班轮航线发育、集装箱班轮网络形成、集装箱班轮网络完善和集装箱班轮网络成熟五阶段演化模式，具有一定创新性。

7.3　展　望

由于作者知识和能力有限，加之班轮网络作为一个较新的研究领域，本身的复杂性及统计资料和参考文献的稀缺性，本书难免存在不足，这也是作者今后研究的努力方向。

（1）长江三角洲集装箱港口体系作为整个长江流域港口群的重要组成部分，班轮网络实属一个整体，本书在对长江三角洲集装箱班轮进行详细分析的基础上，适当分析了长江流域集装箱班轮网络的时空演化，但并未聚焦。未来的研究可以将范围扩展到长江流域，注重上海港与长江沿岸各港口的班轮网络联系。

（2）调研深度有待提高，本书仅实地调研了上海港、宁波港、南京港 3 个长江三角洲主要港口，太仓港、张家港港、南通港、扬州港、镇江港、江阴港、泰州港等其他港口的调研和访谈是未来需要进一步考虑的问题。

（3）在研究方法方面也存在不足，对集装箱班轮网络资料的整理与分析主要依赖 ArcGIS、SPSS、Excel 等数理统计软件，而未引入 GEPHI、UCINET 等网络分析软件和方法，在图形展示和网络分析等方面需进一步提升和完善。

参 考 文 献

安筱鹏，韩增林，杨荫凯. 2000. 国际集装箱枢纽港的形成演化机理与发展模式研究[J]. 地理研究, 19（4）：383-390.

蔡正荣. 2003. 长江水路集装箱运输现状及发展[J]. 中国水运,（10）：18-19.

曹小曙，阎小培. 2003. 经济发达地区交通网络演化对通达性空间格局的影响——以广东省东莞市为例[J]. 地理研究, 22（3）：305-312.

曹有挥. 1995. 安徽省长江沿岸港口体系的初步研究[J]. 地理科学, 15（2）：154-162.

曹有挥. 1998. 安徽省长江沿岸港口体系规模组合与空间结构分析[J]. 地理科学, 18（3）：255-262.

曹有挥. 1999a. 河港地域系统研究—以长江下游（干流）沿岸诸港为例[D]. 南京：南京大学.

曹有挥. 1999b. 长江沿岸港口体系空间结构研究[J]. 地理学报, 54（3）：233-240.

曹有挥. 2001. 集装箱港口体系演化与调控机理研究——以长江三角洲地区为例[D]. 中国科学院地理科学与资源研究所.

曹有挥，毛汉英，徐刚. 2001. 长江下游港口体系的职能结构[J]. 地理学报, 56（5）：590-598.

曹有挥，曹卫东，金世胜，等. 2003. 中国沿海集装箱港口体系的形成演化机理[J]. 地理学报, 58（3）：424-432.

曹有挥，李海建，陈雯. 2004. 中国集装箱港口体系的空间结构与竞争格局[J]. 地理学报, 59（6）：1021-1027.

常思. 1999. 上海港在长江三角洲集装箱航运中的地位[J]. 中国港口：27-29.

陈晨. 2003. 我国港口投融资政策的思考[J]. 港口经济,（4）：19-20.

陈德明. 1996. 国际班轮航线网络新格局及其对我国班轮运输业的影响[J]. 水运管理,（8）：41-44.

陈光敏. 1994. 南通港口管理体制改革的实践[J]. 中国港口.（12）：16-17.

陈航. 1996. 论海港地域组合的形成机制与发展过程[J]. 地理学报, 51（6）：501-507.

陈航，刘毅. 1990. 闽南沿海港口特征及其体系的形成与发展[J]. 热带地理, 10（2）：185-195.

陈建年，卢晓芬. 2002. 港口发展与广州南沙地区的开发[J]. 中国人口·资源与环境, 12（6）：90-92.

陈淼，邵俊岗. 2007. 国外港口群竞争合作对我国的启示[J]. 中国港口,（4）：47-49.

陈雯，周诚君，汪劲松，等. 2001. 苏锡常地区的产业选择与空间组织[J]. 经济地理, 21（6）：679-704.

丁明明. 2012. 东亚地区枢纽港选择模型的建立[J]. 科技视界,（13）：62-63.

段学军，虞孝感，刘新. 2009. 长江三角洲地区 30 年来区域发展特征初析[J]. 经济地理, 29（2）：185-192.

方亮. 2002. 中远集运枢纽港选择的战略研究[D]. 大连：大连海事大学,

高小真. 1988. 港-市关系与港-城关系发展探析——以我国北方港口为例[D]. 北京：中国科学院地理

科学与资源研究所.

顾晓丽. 2007. 江苏沿江沿海港口网络规划研究[D]. 南京：河海大学.

郭忠义. 2001. 走出国有港口管理体制改革的观念误区[J]. 世界海运，24（4）：22-23.

韩增林，安筱鹏. 2001. 东北集装箱运输网络的建设与优化探讨[J]. 地理科学，21（4）：308-314.

韩增林，安筱鹏，王利，等. 2002. 中国国际集装箱运输网络的布局与优化[J]. 地理学报，57（4）：
    479-488.

何建云，宁越敏. 1999. 西欧港口合作的经验和启示[J]. 中国港口，（9）：44-46.

黄民生. 2001. 闽台港口开发对比[J]. 经济地理，21（1）：81-85.

黄勇. 2007. 长江内河班轮运输航线优化设置[D]. 上海：上海交通大学.

李劼. 2003. 集装箱班轮主干航线班期规划与设计[D]. 上海：上海海事大学.

李文欢. 2007. 集装箱班轮运输的航线网络优化研究[D]. 上海：上海海事大学.

梁双波，曹有挥，吴威，等. 2007. 全球化背景下的南京港城关联发展效应分析[J]. 地理研究，
    26（3）：599-608.

梁双波. 2009. 港口后勤区域的演化机理、空间效应与区位选择——以上海、南京港为例[D]. 北京：
    中国科学院大学.

梁双波，曹有挥，吴威. 2011. 港口后勤区域形成演化机理——以上海港为例[J]. 地理研究，30（12）：
    2150-2162.

刘波，朱传耿，车前进. 2007. 港口经济腹地空间演变及其实证研究——以连云港港口为例[J]. 经济
    地理，27（6）：904-909.

刘可文. 2013. 区域开放开发政策对企业区位选择的影响机制研究——以长江三角洲地区为例[D].
    南京：中国科学院南京地理与湖泊研究所.

刘天宝，韩增林. 2009. 基于国外经验的我国港口管理模式构想[J]. 海洋开发与管理，26（10）：
    9-13.

陆大道. 1987. 我的区域开发的宏观战略[J]. 地理学报，42（2）：97-105.

陆大道. 1988. 区位论及区域研究方法[M]. 北京：科学出版社.

陆大道. 2012. 序一[G]//王成金. 集装箱港口网络形成演化与发展机制. 北京：科学出版社.

陆玉麒. 2002. 区域双核结构模式的形成机理[J]. 地理学报，57（1）：85-95.

茅伯科. 2005. 长三角港口竞争与合作[J]. 水运管理，27（2）：1-4.

潘坤友，曹有挥，梁双波，等. 2013. 中国集装箱多门户港口区域空间结构的形成与机理[J]. 地
    理科学进展，32（2）：214-222.

任斐. 2007. 集装箱班轮航线靠港选择模型问题研究[D]. 大连：大连海事大学.

任美锷，杨宝国. 1998. 当前我国港口发展条件分析——兼论上海国际航运中心[J]. 地理学报，
    53（3）：193-201.

施欣. 2001. 港口合作的博奕分析[J]. 上海交通大学学报，35（6）：943-946.

宋炳良. 2001. 港口内陆空间通达性与国际航运中心建设[J]. 经济地理，2001，21（4）：447-450.

宋术青. 2013. 集装箱班轮运输航线优化与班期设计研究[D]. 大连：大连海事大学.

苏含秋. 2004. 港口管理体制改革中的过度投资趋势研究[D]. 上海：上海海事大学.

孙敏. 2010. 集装箱班轮航线靠港选择的影响因素分析[J]. 中国储运，（2）：90-91.

王成金. 2008a. 现代港口地理学的研究进展及展望[J]. 地理科学进展，23（3）：243-251.

王成金. 2008b. 世界航运企业重组及其对航运网络结构的影响——兼论对中国港口体系的影响[J].

世界地理研究，17（1）：94-105.

王成金. 2012. 集装箱港口网络形成演化与发展机制[M]. 北京：科学出版社.

王成金，金凤君. 2006. 中国海上集装箱运输的组织网络研究[J]. 地理科学，26（4）：392-401.

王成金，Ducruet. 2011. 现代集装箱港口体系演进理论与实证[J]. 地理研究，30（3）：397-410.

王缉宪. 2010. 中国港口城市的互动与发展[M]. 南京：东南大学出版社.

王建红. 2008. 日本东京湾港口群的主要港口职能分工及启示[J]. 中国港湾建设，（1）：63-66.

王杨. 2004. 基于非集计理论的航运公司港口评价方法[D]. 大连：大连海事大学.

魏泓. 2005. 地主港模式在我国港口应用的研究[D]. 上海：上海海事大学.

吴传钧，高小真. 1989. 海港城市的成长模式[J]. 地理研究，8（4）：9-15.

吴启焰，李凡. 1996. 对重振北方第一港——大连港的探讨[J]. 地理学与国土研究，12（2）：30-34.

吴威，曹有挥，曹卫东. 2006. 长江三角洲公路网络的可达性空间格局及其演化[J]. 地理学报，61（10）：1065-1074.

吴文一. 2004. 航运联盟下的集装箱运输路径选择研究[D]. 上海：上海海事大学.

熊玲玲. 2004. 我国集装箱港口民营化的研究[D]. 上海：上海海事大学.

徐刚. 1990. 江苏省长江沿岸港口群体的功能、格局与发展研究[J]. 地理学报，45（3）：275-283.

徐骅，金凤君，王成金. 2008. 集装箱环球航线的枢纽区位优化[J]. 地理学报，63（6）：593-602.

许继琴. 1997. 港口城市成长的理论与实证探讨[J]. 地域研究与开发，16（4）：11-14.

闫博. 2008. 基于蚁群算法的集装箱港口选择与网络均衡分析[D]. 大连：大连海事大学.

杨吾杨，张国伍，等. 1986. 交通运输地理学[M]. 北京：商务印书馆，

杨荫凯，韩增林. 2000. 辽宁省沿海港址资源综合评价及其地域组合研究[J]. 地理研究，19（1）：65-72.

杨宇晶，钟彬. 2002a. 集装箱班轮公司新辟航线模拟论证（1）[J]. 集装箱化，（11）：9-11.

杨宇晶，钟彬. 2002b. 集装箱班轮公司新辟航线模拟论证（2）[J]. 集装箱化，（12）：8-10.

姚士谋，陈爽. 1998. 长江三角洲地区城市空间演化趋势[J]. 地理学报，53（S1）：1-10.

殷红，茅伯科. 2001. 政企分开是中国港口发展的必由之路[J]. 中国港口，（8）：5-7.

虞孝感，王合生，崔大树. 1999. 长江经济带发展的态势分析[J]. 长江流域资源与环境，8（1）：1-8.

甄峰，张敏，刘贤腾. 2004. 全球化、信息化对长江三角洲空间结构的影响[J]. 经济地理，24（6）：748-752.

查志强. 1997. 宁波、舟山港口资源的合理开发及建设联港的探讨[J]. 地域研究与开发，16（S）：50-54.

翟洁萍. 2007. 国外航运企业投资港口的理论及区位选择方法[D]. 青岛：中国海洋大学.

张京祥，罗小龙，殷洁. 2008. 长江三角洲多中心城市区域与多层次管治[J]. 国际城市规划，23（1）：65-69.

张落成，吴楚材，季子修. 2002. 我国东部沿海地区差距状况以及经济低谷地区的崛起[J]. 长江流域资源与环境，11（3）：203-208.

张素娟，张义文. 2000. 建设曹妃甸深水大港，促进北方经济发展[J]. 经济地理，20（2）：115-118.

张旭，刘伟. 2008. 国外与长三角港口资源整合模式异同及展望[J]. 中国港口，（3）：6-8.

张耀光，王宁，赵永宏. 2006. 大连港在建设东北亚国际航运中心中的作用[J]. 地域研究与开发，25（1）：19-22.

章进华. 2000. 比较与借鉴——世界和中国港口管理体制[J]. 世界海运，（3）：24-25.

赵鹏军. 2005. 基于港口经济的海岛型城镇发展战略研究——以洋山港近域海岛为例[J]. 经济地理，25（2）：206-210.

郑弘毅. 1991. 港口城市探索[M]. 开封：河南大学出版社.

郑弘毅，顾朝林. 1987. 我国沿海城市体系初探[J]. 自然资源学报，（3）：213-228.

中国港口年鉴编辑部. 2013. 中国港口年鉴[M]. 上海：中国港口杂志社.

中国经济体制改革研究会编写组. 2008. 中国改革开放大事记（1978-2008）[M]. 北京：中国财政经济出版社.

朱传耿，刘波，李志江. 2009. 港口—腹地关联性测度及驱动要素研究——以连云港港口—淮海经济区为例[J]. 经济地理，28（3）：716-725.

朱劲松. 2006. 集装箱船舶大型化及其对港口的影响[D]. 武汉：武汉理工大学.

庄佩君，汪宇明. 2010. 港—城界面的演变及其空间机理[J]. 地理研究，29（6）：1105-1115.

宗蓓华. 2004. 论长三角港口竞争与合作[C]. //首届长三角科技论坛——长三角港口航运科技论坛论文集.

邹俊善. 1997. 现代港口经济学[M]. 北京：人民交通出版社.

Agarwal R，Özlem E. 2008. Ship scheduling and network design for cargo routing in liner shipping[J]. Transportation Science，42（2）：175-196.

Airriess C. 2001. The regionalization of Hutchison port holdings in mainland China[J]. Journal of Transport Geography，9（4）：267-278.

Anderson C M，Opaluch J J，Grigalunas T A. 2009. The demand for import services at US container ports[J]. Maritime Economics and Logistics，11（2）：156-185.

Asteris M，Collins A. 2006. The UK Project Appraisal Framework for Ports：A Critique[J]. Journal of Transport Economics and Policy，40（1）：161-171.

Aversa R，Botter R C，Haralambides H E，et al. 2005. A mixed integer programming model on the location of a hub port in the east coast of South America[J]. Maritime Economics and Logistics，7（1）：1-18.

Baird A. 1996. Containerisation and the decline of the upstream urban port in Europe[J]. Maritime policy and Management，23（2）：145-156.

Baird A. 2002a. Privatization trends at the world's top-100 container ports[J]. Maritime Policy and Management，29（3）：271-284.

Baird A. 2002b. The economics of transshipment[C]//The Handbook of Maritime Economics and Business：832-859.

Baños-Pino J，Coto-Millán P，Rodríguez-Álvarez A. 1999. Allocative efficiency and over-capitalization：an application[J]. International Journal of Transport Economics，26（2）：181-199.

Bichou K，Bell M G H. 2007. Internationalisation and consolidation of the container port industry：assessment of channel structure and relationships[J]. Maritime Economies and Logistics，9（1）：35-51.

Bird J. 1963. The Major Seaports of the United Kingdom[M]. London：Hutchinson.

Boffey T B，Edmond E D，Hinxman A I，et al. 1979. Two approaches to scheduling container ships with an application to the north Atlantic route[J]. Journal of the Operational Research Society，

30 (5): 413-425.

Brooks M R. 2000. Sea Change in Liner Shipping: Regulation and Managerial Decision- making in a Global Industry[M]. Oxford: Pergamon Press.

Brooks M R, Pallis A A. 2008. Assessing port governance models: process and performance components[J]. Maritime Policy and Management, 35 (4): 411-432.

Burroughs R. 2005. Institutional change in the port of New York[J]. Maritime Policy and Management, 32 (3): 315-328.

Carbone V, Martino M D. 2003. The changing role of ports in supply chain management: an empirical analysis[J]. Maritime Policy and Management, 30 (4): 305-320.

Carter R E. 1962. A comparative analysis of United States ports and their traffic characteristics[J]. Economic Geography, 38 (2): 162-175.

Choi H R, Kim H S, Park B J, et al. 2003. An ERP approach for container terminal operating systems[J]. Maritime Policy and Management, 30 (3): 197-210.

Clark X, Dollar D, Micco A. 2004. Port efficiency, maritime transport costs and bilateral trade[J]. Journal of Development Economics, 75 (2): 417-450.

Coto-Millan P, Banos-Pino J, Rodriguez-Alvarez A. 2000. Economic efficiency in Spanish ports: Some empirical evidence[J]. Maritime Policy and Management, 27 (2): 169-174.

Cullinane K, Khanna M. 1999. Economies of scale in large container ships[J]. Journal of Transport Economics and Policy, 33 (2): 185-207.

Cullinane K, Song D. 2001. The administrative and ownership structure of Asian container ports[J]. International Journal of Maritime Economics, 3 (2): 175-197.

Cullinane K, Ping J, Wang T. 2002a. A multi-objective programming approach to the optimisation of China's international container transport network[J]. International Journal of Transport Economics, 29 (2): 181-199.

Cullinane K, Song D W, Gray R. 2002b. A stochastic frontier model of the efficiency of major container terminals in Asia: assessing the influence of administrative and ownership structures[J]. Transportation Research Part A: Policy and Practice, 36 (8): 743-762.

Cullinane K. 2004. The container shipping industry and the impact of China's accession to the WTO[J]. Research in Transportation Economics, 12 (1): 221-245.

Cullinane K, Wang T F, Cullinane S. 2004. Container terminal development in mainland China and its impact on the competitiveness of the port of Hong Kong[J]. Transport Reviews, 24(1): 33-56.

Cullinane K, Song D W, Wang T F. 2005. The application of mathematical programming approaches to estimating container port production efficiency[J]. Journal of Productivity Analysis, 24 (1): 73-92.

Cullinane K, Wang T F. 2006. The efficiency of European container ports: a cross-sectional data envelopment analysis[J]. International Journal of Logistics Research and Applications, 9 (1): 19-31.

De Langen P W. 1999. Time centrality in transport[J]. International Journal of Maritime Economics, 1 (2): 41-55.

De P, Ghosh B. 2002. Productivity, efficiency and technological change in Indian ports[J].

International Journal of Maritime Economics, 4 (4): 348-368.

Ducruet C, Lee S W, Ng A. 2010a. Centrality and vulnerability in liner shipping networks revisiting the Northeast Asian port hierarchy[J]. Maritime Policy and Management, 37 (1): 17-36.

Ducruet C, Rozenblat C, Zaidi F. 2010b. Ports in multi-level maritime networks: evidence from the Atlantic (1996-2006) [J]. Journal of Transport Geography, 18 (4): 508-518.

Estache A, Gonzalez M, Trujillo L. 2001. Technical Efficiency Gains from Port Reform: the Potential for Yardstick Competition in Mexico[R]. Policy Research Working Paper, The World Bank.

Everett S, Robinson R. 1998. Port reform in Australia: issues in the ownership debate[J]. Maritime Policy and Management, 25 (1): 41-62.

Fagerholt K, Lindstad H. 2000. Optimal policies for maintaining a supply service in the Norwegian sea[J]. Omega, 28 (3): 269-275.

Fagerholt K. 2001. Ship scheduling with soft time windows: an optimization based approach[J]. European Journal of Operational Research, 131 (3): 559-571.

Fagerholt K. 2004. Designing optimal routes in a liner shipping problem[J]. Maritime Policy and Management, 31 (4): 259-268.

Fan L, Wilson W W, Tolliver D. 2009. Logistical rivalries and port competition for container flows to US markers: impacts of changes in Canada's logistics system and expansion of the Panama Canal[J]. Maritime Economics and Logistics, 11 (4): 327-357.

Fleming D K, Hayuth Y. 1994. Spacial characteristics of transportation hubs : centrality and intermediacy[J]. Journal of Transport Geography, 2 (1): 3-18.

Fleming D K. 1997. World container port rankings[J]. Maritime Policy and Management, 24 (2): 175-182.

Flor L, Defilippi E. 2003. Port infrastructure: an access model for the essential facility[J]. Maritime Economics and Logistics, 5 (2): 116-132.

Franc P, Horst M V D. 2010. Understanding hinterland service integration by shipping lines and terminal operators: a theoretical and empirical analysis[J]. Journal of Transport Geography, 18(4): 557-566.

Frankel E G. 1987. Port planning and development[M]. New York: Wiley-Interscience Publication.

Frémont A, Soppé M. 2007. Northern European range: shipping line concentration and port hierarchy[C]//Wang J, Notteboom T, Olivier D, et al. (eds.). Ports, Cities and Global Supply Chains. Ashgate: England, 105-120.

Friedmann J. 1967. A general theory of polarized development[C]//Hansen N (eds.). Growth Centers in Re gional Economie Development. New York: Free Press.

Fung K F. 2001. Competition between the ports of Hong Kong and Singapore: a structural vector error correction model to forecast the demand for container handling services[J]. Maritime Policy and Management, 28 (1): 3-22.

Gadhia H K, Kotzab H, Prockl G. 2011. Levels of internationalization in the container shipping industry an assessment of the port networks of the large container shipping companies[J]. Journal of Transport Geography, 19 (6): 1431-1442.

Gereffi G, Humphrey J, Sturgeon T. 2005. The governance of global value chains[J]. Review of Political Economy, 12 (1): 78-104.

Gilman S，Williams G. 1976. The economics of multi-port itineraries for large container ships[J]. Journal of Transport Economics and Policy，10（2）：137-149.

Gilman S，Maggs R，Ryder S. 1977. Containers on the North Atlantic: an economic analysis of ships and routes[D]. Liverpool: Marine Transport Centre，University of Liverpool.

Gilman S. 1999. The size economies and network efficiency of large containerships[J]. International Journal of Maritime Economics，1（1）：39-58.

Goss R. 1998. British Ports Policies Since 1945[J]. Journal of Transport Economics and Policy，32（1）：51-71.

Goulielmos A. 1999. Deregulation in major Greek ports: the way it has to be done[J]. International Journal of Transport Economics，26（1）：121-148.

Han C H . 2002. An empirical study on the determinants of port performance and efficiency[C]. Proceedings of the Second International Port Forum and Conference for the 20th Anniversary of Korean Association of Shipping Studies，Korean Association of Shipping Studies，Gwangyang.

Hayuth Y. 1981. Containerization and the load center concept[J]. Economic Geography，57（2）：161-176.

Hayuth Y. 1988. Rationalization and deconcentration of the US container port system[J]. The Professional Geographer，40（3）：279-288.

Heaver T D. 1995. The implications of increased competition for port policy and management[J]. Maritime Policy and Management，22（2）：125-133.

Heaver T D. 2002. The evolving roles of shipping lines in international logistics[J]. International Journal of Maritime Economics，4（3）：210-230.

Hilling D，Hoyle B. 1984. Spatial approaches to port development[M]//Seaport Systems and Spatial Change: Technology，Industry and the Development Strategies. Chichester，Sussex: John Wiley & Sons: 1-19.

Hoare A G. 1986. British ports and their export hinterlands: a rapid changing geography[J]. Geografiska Annaler，68（1）：29-40.

Hoyle B. 1989. The port-city interface: trends，problems，and examples[J]. Geoforum，20（4）：429-435.

Ircha M. 1997. Reforming Canadian ports[J]. Maritime Policy and Management，24（2）：123-144.

Ircha M. 2001. North American port reform: the Canadian and American experience[J]. International Journal of Maritime Economics，3（2）：198-220.

Kenyon J. 1970. Elements in interport competition in the United States[J]. Economic Geography，46（1）：1-24.

Lam J，Yap W. 2011. Dynamics of liner shipping network and port connectivity in supply chain systems: analysis on East Asia[J]. Journal of Transport Geography，19（6）：1272-1281.

Liu Z. 1995: The comparative performance of public and private enterprises: the case of British ports[J]. Journal of Transport Economics and Policy，29（3）：263-274.

Lu C S. 2003. The impact of carrier service attributes on shipper-carrier partnering relationships: a shipper's perspective[J]. Transportation Research Part E: Logistics and Transportation Review，39（5）：399-415.

Lugt L, De Langen P. 2005. Ports as locations for logistics activities[J]. Journal of International Trade and Logistics, 3 (2): 59-72.

Luo M, Grigalunsa T A. 2003. A spatial-economic multimodal transportation simulation model for US coastal container ports[J]. Maritime Economics and Logistics, 5 (2): 158-178.

Magala M, Sammons A. 2008. A new approach to port choice modelling[J]. Maritime Economics and Logistics, 10 (2): 9-34.

Martin J, Thomas B. 2001. The container terminal community[J]. Maritime Policy and Management, 28 (3): 279-292.

Martinez-Budria E, Diaz-Armas R, Navarro-Ibanez M, Ravelo-Mesa T. 1999. A study of the efficiency of Spanish port authorities using data envelopment analysis[J]. International Journal of Transport Economics, 26 (2): 237-253.

Mayer H M. 1954. Great Lakes—Overseas an Expanding Trade Route[J]. Economic Geography, 30 (2): 117-143.

Mayer H M. 1957. The Port of Chicago and the St. Lawrence Seaway[D]. Chicago: University of Chicago.

Mayer H M. 1978. Current trends in great lakes shipping[J]. Geojournal, 2 (2): 117-122.

Morgan F. 1952. Port and Harbours[M]. London: Hatchinson's University Library.

Murphy P, Daley J, Dalenerg D. 1992. Port selection criteria: an application of a transportation research framework[J]. Logistics and Transportation Review, 28 (3): 237-255.

Newman D, Walder J. 2003. Federal ports policy[J]. Maritime Policy and Management, 30 (2): 151-163.

Norcliffe G. 1996. The emergence of postmodernism on the urban waterfront: geographical perspectives on changing relationships[J]. Journal of Transport Geography, 4 (2): 123-134.

Notteboom T. 1997. Concentration and load center development in the European container port system[J]. Journal of Transport Geography, 5 (2): 99-115.

Notteboom T. 2002. Consolidation and contestability in the European container handling industry[J]. Maritime Policy and Management, 29 (3): 257-269.

Notteboom T. 2005. The peripheral port challenge in container port systems[C]// Leggate H, Mcconville J, Morvillo A (eds.). International Maritime Transport: Perspectives. London: Routledge: 173-188.

Notteboom T, Rodrigue J P. 2005. Port regionalization: towards a new phase in port development[J]. Maritime Policy and Management, 32 (3): 297-313.

Notteboom T. 2006. The time factor in liner shipping services[J]. Maritime Economics and Logistics, 8 (1): 19-39.

Notteboom T, Merckx F. 2006. Freight integration in liner shipping: a strategy serving global production networks[J]. Growth and Change, 37 (4): 550-569.

Olivier, D. 2005. Private entry and emerging partnerships in container terminal operations: evidence from Asia[J]. Maritime Economies and Logistics, 7 (2): 87-115.

Olivo A, Zuddas P, Francesco M. 2005. An operational model for empty container management[J]. Journal of Maritime Economics and Logistics, 7 (3): 199-222.

Olson C A, Sorenson E E, Sullivan W J. 1969. Medium-range scheduling for a freighter fleet[J]. Operations Research, 17 (4): 565-582.

Paixao A, Marlow P. 2003. Fourth generation ports-a question of agility[J]. International Journal of Physical Distribution and Materials Management, 33 (4): 355-376.

Pallis A. 1997. Towards a common ports policy? EU-proposals and the ports industry's perceptions[J]. Maritime Policy and Management, 24 (4): 365-380.

Panayides P M, Wiedmer R. 2011. Strategic alliances in container liner shipping[J]. Research in Transportation Economics, 32 (1): 25-38.

Pando J, Araujo A, Maqueda F. 2005. Marketing management at the world's major ports[J]. Maritime Policy and Management, 32 (2): 67-87.

Park R K, De P. 2004. An alternative approach to efficiency measurement of seaports[J]. Maritime Economics and Logistics, 6 (1): 53-69.

Parola F, Veenstra A. 2008. The spatial coverage of shipping lines and container terminal operators[J]. Journal of Transport Geography, 16 (4): 292-299.

Patton D. 1958. General cargo hinterlands of New York, Philadephia, Baltimore and New Orleans[J]. Annals of the Association of American Geographers, 48 (4): 436-455.

Perez-Labajos C, Blanco B. 2004. Competitive policies for commercial sea ports in the EU[J]. Marine Policy, 28 (6): 553-556.

Pettit S. 2008. United Kingdom ports policy: changing government attitudes[J]. Marine Policy, 32 (4): 719-727.

Pettit S, Beresford A. 2009. Port development from gateways to logistics hubs[J]. Maritime Policy and Management, 36 (3): 253-267.

Pinder D, Slack B. 2004. Shipping and Ports in the Twenty-first Century: Globalization, Technological Change and the Environment[M]. London: Routledge.

Pred A. 1965. Industrialization, initial advantage, and American metropolitan growth[J]. Geographical Review, 55 (2): 158-85.

Psaraftis H. 2005a. EU ports policy: where do we go from here? [J]. Maritime Economics and Logistics, 7 (1): 73-82.

Psaraftis H. 2005b. Tariff reform in the port of piraeus: a practical approach[J]. Maritime Economics and Logistics, 7 (4): 356-381.

Rana K, Vickson R G. 1988. A model and solution algorithm for optimal routing of a time-chartered containership[J]. Transportation Science, 22 (2): 83-95.

Rana K, Vickson R G. 1991. Routing container ships using lagrangean relaxation and decomposition[J]. Transportation Science, 25 (3): 201-214.

Ridolfi G. 1999. Containerisation in the Mediterranean: between global ocean routeways and feeder, services[J]. GeoJournal, (48): 29-34.

Rimmer P. 1966. The Problem of comparing and classifying seaports[J]. The Professional Geographer, 18 (2): 83-91.

Rimmer P, Comtois C. 2009. China's container-related dynamics, 1990-2005[J]. GeoJournal, 74(1): 35-50.

Robinson R. 2002. Ports as elements in value-driven chain systems: the new paradigm[J]. Maritime Policy and Management, 29（3）: 241-255.

Rodrigue J, Notteboom T. 2009. The terminalization of supply chains: reassessing the role of terminals in port/hinterland logistical relationships[J]. Maritime Policy and Management, 36（2）: 165-183.

Roll Y, Hayuth Y. 1993. Port performance comparison applying data envelopment analysis（DEA）[J].Maritime Policy and Management, 20（2）: 153-161.

Roso V. 2009. The emergence and significance of dry ports: the case of the Port of Goteborg[J]. World Review of Intermodal Transportation Research, 2（4）: 296-310.

Scherer F M. 1980. Industrial marketing structure and economic performance[M]. Chicago: Rand McNally College Publishing Company.

Shintani K, Imai A, Nishimura E, et al. 2007. The container shipping network design problem with empty container repositioning[J]. Transportation Research Part E: Logistics and Transportation Review, 43（1）: 39-59.

Sigurd M M, Ulstein N L, Nygreen B, et al. 2005. Ship scheduling with recurring visits and visit separation requirements[C]//Desaulniers G, Derosiers J, Solomon M M（eds.）. Column Generation, GERAD 25th anniversary series: 225-245.

Slack B. 1990. Intermodal transport in North America and development of inland load center[J]. Professional Geographer, 42（1）, 72-83.

Slack B, Comtois C, Sletmo G. 1996. Shipping lines as agents of change in the port industrys*[J]. Maritime Policy and Management, 23（3）: 289-300.

Slack B, Wang J J. 2002. The challenge of peripheral ports: an Asian perspective[J]. Geojournal, 56（2）: 159-166.

Slack B, Frémont A. 2005. Transformation of port terminal operations: from the local to the global[J]. Transport Reviews, 25（1）: 117-130.

Song D. 2002. Regional container port competition and co-operation: the case of Hong Kong and South China[J]. Journal of Transport Geography, 10（2）: 99-110.

Song D, Panayides P. 2008. Global supply chain and port/terminal: integration and competitiveness[J]. Maritime Policy and Management, 35（1）: 73-87.

Stough R R. 2005. Institutional barriers to port infrastructure and harbor development[J]. International Association of Traffic and Safety Sciences, 29（2）: 30-40.

Taaffe E J, Morrill R L, Gould P R. 1963. Transport expansion in underdeveloped countries: a comparative analysis[J]. Geographical Review, 53（4）: 503-529.

Tabernacle J J. 1995. A study of the changes in performance of quayside container cranes[J]. Maritime Policy and Management, 22（2）: 115-124.

Thomas B E. 1957. Railways and ports in French West Africa[J]. Economic Geography, 33（1）: 1-15.

Tiwari P, Itoh H, Doi M. 2003. Shippers' port and carrier selection behavior in China: a discrete choice analysis[J]. Maritime Economics and Logistics, 5（1）: 23-39.

Tongzon J L. 1995. Determinants of port performance and efficiency[J]. Transportation Research Part A: Policy and Practice, 29（3）: 245-52.

Tongzon J L. 2001. Efficiency measurement of selected Australian and other international ports using data envelopment analysis[J]. Transportation Research Part A: Policy and Practice, 35 (2): 107-122.

Tongzon J L, Sawant L. 2007. Port choice in a competitive environment: from the shipping lines' perspective[J]. Applied Economics, 39 (4): 477-492.

Tsui-Auch L S.1999. Regional production relationship and developmental impacts: a comparative study of three production networks[J]. International Journal of Urban and Regional Research, 23 (2): 345-359.

Ugboma C, Ogwude I C. 2006. An analytical hierarchy process (AHP) approach to port selection decisions-empirical evidence from Nigerian ports[J]. Maritime Economics and Logistics, 8 (3): 251-266.

Ullman E L. 1954. Transportation Geography[C]//James P E, Jones C F(eds.). American Geography, Inventory and Prospect. New York: Syracuse University Pres, 310-333..

Ullman E L. 2010. Regional development and the geography of concentration[J]. Papers in Regional Science, 4 (1): 179-198.

Valantine V F, Gray R. 2001. The measurement of port efficiency using data envelopment analysis[C]. Proceedings of the 9th World Conference on Transport Research, 22.

Veldman S, Buckmann E, Saitua R. 2005. River depth and container port market shares: the impact of deepening the Scheldt river on the west European container Hub-Port market shares[J]. Maritime Economics and Logistics, 7 (4): 336-355.

Wang J J, Slack B. 2004. Regional governance of port development in China: a case study of Shanghai International Shipping Center[J]. Maritime Policy and Management, 31 (4): 357-373.

Weigend G. 1956. The problem of hinterland and foreland as illustrated by the port of Hamburg[J]. Economic Geography, 32 (1): 1-16.

Weigend G. 1958. Some elements in the study of port geography[J]. Geographical Review, 48 (2): 185-200.

Weldon F L. 1958. Cargo containerization in the West Coast-Hawaiian trade[J]. Operations Research, 6 (5): 649-670.

Weldon F L. 1959. Operational Simulation of a Freighter Fleet[M]. Washington: Research Techniques in Maritime Transportation.

Wiegmans B, Louw E. 2011. Changing port-city relations at Amsterdam: a new phase at the interface? [J]. Journal of Transport Geography, 19 (4): 575-583.

Wong P C, Yang H, Bamford C. 2008. Evaluation of factors for carrier selection in the China Pearl River delta[J]. Maritime Policy and Management, 35 (1): 27-52.

Yap W Y, Notteboom T. 2011. Dynamics of liner shipping service scheduling and their impact on container port competition[J]. Maritime Policy and Management, 38 (5): 471-485.

Zan Y. 1999. Analysis of container port policy by the reaction of an equilibrium shipping market[J]. Maritime Policy and Management, 26 (4): 369-381.

附录　长江三角洲集装箱班轮网络演化机理调查问卷

一、货主（货运代理）的港口选择调查表

1. 公司和被访者基本信息

公司名称　　　　　　　　成立时间
公司电话　　　　　　　　姓　　名
职　　务　　　　　　　　员工人数
注册资金　　　　　　　　公司地址

2. 贵公司主要生产（经营）的货种为：＿＿＿＿＿，主要贸易对象为：＿＿＿＿＿。

3. 贵公司每年运输的货运量约为＿＿＿＿TEU，主要货运方向为＿＿＿＿到＿＿＿＿。

4. 贵公司最近的一票货是从＿＿＿运到＿＿＿，货种为＿＿＿＿，货量为＿＿＿＿TEU，您选择了＿＿＿＿＿港的＿＿＿＿＿班轮公司。

5. 贵公司对该港口的评价是：□很好；□较好；□一般；□较差；□很差。

6. 贵公司曾选择过此港口吗？□选择过；□没有选择过。

7. 贵公司从发货地到您选择的港口，路上距离大约为＿＿＿km。

8. 贵公司从发货地到港口可以接受的最长距离范围为：

□100km 以内　　□100～200km　　□200～300km　　□300～400km
□400～500km　　□500～600km　　□600～700km　　□700km 以上

9. 贵公司选择哪（几）种方式把您的货物运到所选港口：

□集装箱班列　　□普通铁路　　□公路　　　　□内河航运
□海运　　　　　□航空运输　　□其他

10. 贵公司选择此（几）种水或陆上运输方式的原因是：

□时间最短　　　□费用最小　　□能保证货物准时完好送达
□只有此种方式可选　　　　　　□其他，如＿＿＿＿＿。

11. 贵公司选择此港口出货最重要的原因是

□班轮密度高　　□效率最高　　□时间最短
□成本最低　　　□服务最好
□和某班轮公司或货运代理有长期合作合同
□有专用码头等特权设施　　　　□其他。

12. 请您按照重要性，给下列因素排序

（1-最重要　2-很重要　3-重要　4-重要性一般　5-不重要　6-基本可以忽略）

□货物所在地距港口的陆上距离

□陆上运输成本

□陆上运输时间

□车、船在港的生产性停泊时间（如港口设备、装卸时间）

□车、船在港的非生产性停泊时间（如港口是否拥堵，进入港区或堆场是否需要等待等）

□港口的装卸费、堆存费等在港发生成本

□班轮公司的运价政策

□港口挂靠的班轮公司数量、班轮密度（发船频率）如何

□货物运输的辅助性工作是否畅通，如报关效率是否快捷、申请装卸货物的手续是否简单

□港口管理与服务水平（如对客户需求的响应速度、货损的处理方式、收费的规范等）

□港口货物代理费的差异

□港口服务时间（8h/12h/24h 服务）

□港口的信誉（如是否存在野蛮装卸、收费项目是否繁多、货损货差赔付情况等）

□是否有在港口走货的记录

13. 贵公司希望港口在哪些方面进一步完善？

□提升装卸效率　　□降低港口费用　　□提高通关效率

□优化政策环境　　□完善服务水平　　□其他，如_____。

14. 请留下您在港口选择和港口管理方面的宝贵建议（可另附纸）。

二、班轮公司的港口选择调查表

1. 公司和被访者基本信息

公司名称　　　　　　　　　　成立时间

公司电话　　　　　　　　　　姓　　名

职　　务　　　　　　　　　　员工人数

注册资金　　　　　　　　　　公司地址

2. 贵公司企业性质

□国有独资/国有控股　　　　　□民营/私有企业　□合资

□独资　　　　　□分子机构或子公司　　　　□其他，如_____。

3. 贵公司目前主要经营的航线类型

□远洋航线（欧洲、地中海、北美、南美、中东、非洲）

□沿海航线　　　　□近洋航线（日韩、澳新、东南亚、南亚）
□长江支线

4. 贵公司在中国开辟的第一条班轮航线是_____，时间是_____年

5. 贵公司在长江三角洲开辟的第一条班轮航线是_____，时间是_____年

6. 贵公司目前经营的航线总计_____条，其中在长三角地区挂靠的航线有_____条、服务的港口有_____个（请列出_____）

7. 贵公司对长江三角洲靠泊港口的评价是：

□很好；　　　□较好；　　　□一般；　　　□较差；　　　□很差。

8. 贵公司增开、调整、撤销航线选择挂靠港主要考虑哪些因素

□港口区位条件（地理位置、风浪、航道等）

□港口设施（泊位数、装卸桥、堆场面积等）

□港口吞吐量

□港口作业效率

□港口通关效率

□银行、保险、物流等航运产业发展水平

□港口费用

□腹地交通

□政策环境

□其他，如_____。

9. 请您按照重要性，给下列因素排序

（1-最重要　2-很重要　3-重要　4-重要性一般　5-不重要　6-基本可以忽略）

□港口区位条件（地理位置、风浪条件、航道水深、泊位水深、离国际三大干线的距离等）

□港口基础设施（泊位数、装卸桥数、集卡数、轮胎吊数、空箱堆高机数、堆场面积等）

□港口货物吞吐量

□船舶在港的生产性停泊时间（如港口设备规模、装卸时间）

□船舶在港的非生产性停泊时间（如候潮进港、锚地等待、引船效率等）

□港口辅助系统效率（如报关效率是否快捷、申请装卸货物的手续是否简单等）

□港口集疏运系统效率（腹地陆路、水路等运输是否通畅）

□港口装卸费、引航费、堆存费等在港发生成本

□银行、保险、物流等航运产业发展水平

□港口管理与服务水平（如收费是否规范，对客户需求的响应速度等）

□港口服务时间（8h/12h/24h 服务）

□政策环境（如税收减免、装卸费优惠、集装箱补贴等政策）

□港口的信誉（如是否存在野蛮装卸、收费项目是否繁多、货损货差赔付情况等）

10. 贵公司希望港口在哪些方面进一步完善？

□提升装卸效率　　□降低港口费用　　□提高通关效率

□优化政策环境　　□完善服务水平　　□其他，如_____。

11. 请留下您在港口管理方面的宝贵建议（可另附纸）。

三、港口的集装箱班轮航线调查表

1. 港务集团基本信息

公司名称		公司电话	
姓　　名		职　　务	
员工人数		注册资金	
公司地址			

2. 目前在贵港口挂靠服务的班轮公司有____家，其中国外班轮公司____家；航线____条，其中远洋航线（欧洲、地中海、北美、南美、中东、非洲）____条、近洋航线（日韩、澳新、东南亚、南亚）____条。

3. 贵港口开通的第一条班轮航线是_____，时间是_____年，经营此航线的班轮公司是_____。

4. 贵港口开通的第一条近洋班轮航线（日韩、澳新、东南亚、南亚）是_____年，经营航线的班轮公司是_____。

5. 贵港口开通的第一条远洋班轮航线（欧洲、地中海、北美、南美、中东、非洲）是_____年，经营航线的班轮公司是_____。

6. 贵港口选择班轮公司主要考虑哪些因素？

□企业规模

□行业地位

□企业性质（民企、国企、外企等）

□被动接受

□其他，如_____。

7. 贵港口在吸引班轮公司方面存在哪些优势？

□区位条件　　　　□港口费用　　　　□作业效率　　　　□通关效率

□基础设施　　　　□管理与服务水平　□政策环境　　　　□其他，如_____。

8. 贵港口在吸引货主方面存在哪些优势？

□港口班轮公司数量

□港口班轮密度（发船频率）

□堆场面积及效率

□港口装卸堆存费

□管理与服务水平

□港口服务时间（8h/12h/24h 服务）

□货物运输辅助性工作畅通（报关效率快捷、申请装卸货物手续简单）

□港口的信誉（如野蛮装卸、收费项目、货损货差赔付等）

□其他，如_____。

9. 您认为班轮公司增开、调整、撤销航线选择挂靠港主要考虑哪些因素

□港口区位条件（地理位置、风浪、航道等）

□港口设施（泊位数、装卸桥、堆场面积等）

□港口吞吐量

□港口作业效率

□港口通关效率

□银行、保险、物流等航运产业发展水平

□港口费用

□腹地交通

□政策环境

□其他，如_____。

10. 请您按照重要性，给下列因素排序

（1-最重要　2-很重要　3-重要　4-重要性一般　5-不重要　6-基本可以忽略）

□港口区位条件（地理位置、风浪条件、航道水深、泊位水深、离国际三大干线的距离等）

□港口设施（泊位数、装卸桥数、集卡数、轮胎吊数、空箱堆高机数、堆场面积等）

□港口吞吐量

□港口效率，如报关效率是否快捷、申请装卸货物的手续是否简单、腹地交通是否通畅等

□船舶在港的生产性停泊时间（如港口设备规模、装卸时间）

□船舶在港的非生产性停泊时间（如候潮进港、锚地等待、引船效率等）

□港口装卸费、引航费、堆存费等在港发生成本

□银行、保险、物流等航运产业发展水平

□港口管理与服务水平（如收费是否规范，对客户需求的响应速度等）

□港口服务时间（8h/12h/24h 服务）

□政策环境（如税收减免、装卸费优惠、集装箱补贴等政策）

□港口的信誉（如是否存在野蛮装卸、收费项目是否繁多、货损货差赔付情况等）

11. 为进一步吸引班轮公司和货主，贵港口有何打算？

□提升装卸效率　　□降低港口费用　　□提高通关效率

□优化政策环境　　□完善服务水平　　□其他，如_____。

12. 请留下您在港口管理方面的宝贵建议（可另附纸）。